수능 감[感] 잡기

수학영역
수학 Ⅰ

KB190403

교재 내용 문의	교재 및 강의 내용 문의는 EBSi 사이트 (www.ebsi.co.kr)의 학습 Q&A 서비스를 활용하시기 바랍니다.	**교재 정오표 문의**	발행 이후 발견된 정오 사항을 EBSi 사이트 정오표 코너에서 알려 드립니다. EBSi 사이트 ▶ 교재 ▶ 교재 정오표	**교재 정정 신청** 공지된 정오 내용 외에 발견된 정오 사항이 있다면 EBS에 알려 주세요. EBSi 사이트 ▶ 교재 ▶ 교재 정정 신청

정시 확대! 수능 개편!
완벽한 수능 적응을 위한
EBS 수능 입문 시리즈

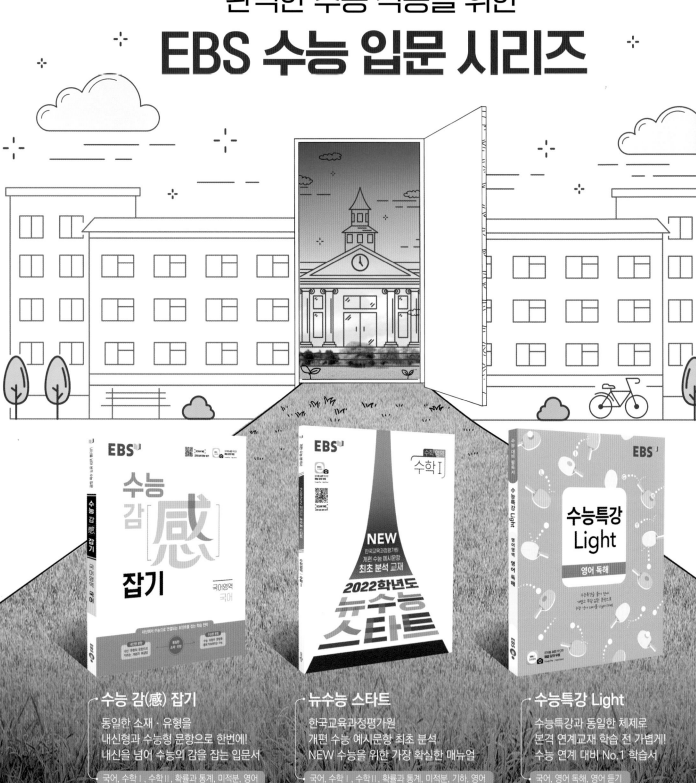

수능 감(感) 잡기
동일한 소재·유형을
내신형과 수능형 문항으로 한번에!
내신을 넘어 수능의 감을 잡는 입문서

└ 국어, 수학 I, 수학 II, 확률과 통계, 미적분, 영어

뉴수능 스타트
한국교육과정평가원
개편 수능 예시문항 최초 분석
NEW 수능을 위한 가장 확실한 매뉴얼

└ 국어, 수학 I, 수학 II, 확률과 통계, 미적분, 기하, 영어

수능특강 Light
수능특강과 동일한 체제로
본격 연계교재 학습 전 가볍게!
수능 연계 대비 No.1 학습서

└ 국어, 영어 독해, 영어 듣기

수능 감[感] 잡기

수학영역

수학 I

EBS 수능 감 잡기 수학 I **차례**

CONTENTS

EBS 수능 감 잡기 수학 I **구성과 활용법**

STRUCTURE

내신 유형 중간, 기말 고사에 출제될 문항을 선별하여 수록하였다.

개념 必 잡기 유형에 따른 필수적인 핵심 내용을 중심으로 필요한 정의, 공식 등을 정리하였다.

수능 유형 내신 유형과 동일한 소재의 수능 유형의 문항을 제시하여 수능의 感을 맛볼 수 있도록 구성하였다.

수능感 잡기 수능 유형에 대한 감각을 익힐 수 있도록 '문제 분석 ➡ 유형 주제와 연계된 이전 학년의 단원 개념을 도식화하여 정리 ➡ +α개념 ➡ 풀이 해결 전략 ➡ 수능感쌤의 수능 대비 한 마디!!'의 단계로 구성하였다.

■ **문제 분석** 수능 유형 문제를 접근하는 방법, 실마리 등을 제시하였다.

■ **+α개념** 이전 학년, 단원에서 배운 개념, 공식, 원리 등을 정리하여 바로 확인하고 익힐 수 있도록 하였다.

■ **풀이 해결 전략** 문제를 해결하는 사고 방법을 단계별로 제시하여 수능 유형 문제에 대한 완벽한 이해 및 아이디어를 제공하였다.

수능感 쌤의 수능 대비 한 마디!! 수능 유형의 문제에 대해 핵심적으로 알아야 할 내용과 준비해야 할 내용을 짚어주고 필수적으로 수능 대비에 필요한 것들을 제시하였다.

수능 유형 체크 수능 유형과 유사한 내용의 문제를 제시하여 수능의 感을 익힐 수 있도록 하였다.

수능의 감을 쑥쑥 키워주는 수능 유제 수능 유형의 일반화된 문제를 다시 한번 정리할 수 있도록 3점 문항 수준의 수능 유형의 문항을 선별하여 수록하였다.

학생 EBS 교재 문제 검색

EBS 단추에서 문항코드나 사진으로
문제를 검색하면 푸리봇이 해설 영상을 제공합니다.

교사 교사지원센터 교재 자료실

교재 문항 한글 문서(HWP)와
교재의 이미지 파일을 무료로 제공합니다.

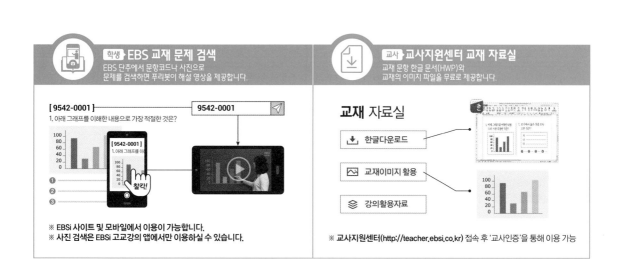

※ EBSi 사이트 및 모바일에서 이용이 가능합니다.
※ 사진 검색은 EBSi 고교강의 앱에서만 이용하실 수 있습니다.

※ 교사지원센터(http://teacher.ebsi.co.kr) 접속 후 '교사인증'을 통해 이용 가능

01 지수와 지수법칙

내신 유형

실수 x에 대하여

$$2^{x+1}-2^x=a,$$

$$5^{x+1}-5^x=b$$

일 때, 다음 중 20^x을 a, b로 나타낸 것은?

① $\dfrac{ab}{4}$　　② $\dfrac{a^2b}{4}$　　③ $\dfrac{a^2b}{6}$

④ $\dfrac{ab^2}{4}$　　⑤ $\dfrac{ab^2}{6}$

풀이

$$2^{x+1}-2^x=2\times 2^x-2^x$$
$$=2^x$$

이므로 $a=2^x$

$$5^{x+1}-5^x=5\times 5^x-5^x$$
$$=4\times 5^x$$

이므로 $b=4\times 5^x$

따라서

$$20^x=(2^2\times 5)^x$$
$$=(2^x)^2\times 5^x$$
$$=a^2\times \dfrac{b}{4}$$
$$=\dfrac{a^2b}{4}$$

 ②

개념 必 잡기

• **지수의 확장**

(1) $a\ne 0$이고 n이 양의 정수일 때

　① $a^0=1$

　② $a^{-n}=\dfrac{1}{a^n}$

(2) $a>0$이고 m은 정수, n은 2 이상의 정수일 때

　$a^{\frac{m}{n}}=\sqrt[n]{a^m}$

• **지수법칙**

$a>0$, $b>0$이고 x, y가 실수일 때

(1) $a^x a^y=a^{x+y}$　　(2) $a^x\div a^y=a^{x-y}$

(3) $(a^x)^y=a^{xy}$　　(4) $(ab)^x=a^x b^x$

(5) $\left(\dfrac{a}{b}\right)^x=\dfrac{a^x}{b^x}$

수능 유형

양수 a에 대하여 $a^{\frac{1}{2}}-a^{-\frac{1}{2}}=3$일 때, $\dfrac{a^{\frac{3}{2}}-a^{-\frac{3}{2}}}{a+a^{-1}}$의 값은?

① $\dfrac{30}{11}$　　② 3　　③ $\dfrac{36}{11}$

④ $\dfrac{39}{11}$　　⑤ $\dfrac{42}{11}$

수능 感 잡기

문제 분석

곱셈 공식을 이용하여 지수가 포함된 식의 값을 구하는 문제이다.

+α 개념

> [수학 Ⅰ]
> 지수의 계산
> +
> [수학]
> 곱셈 공식

• **[수학] 곱셈 공식의 변형**

(1) $a^2+b^2=(a+b)^2-2ab$
$$=(a-b)^2+2ab$$

(2) $a^3+b^3=(a+b)^3-3ab(a+b)$

(3) $a^3-b^3=(a-b)^3+3ab(a-b)$

해결전략 ① 곱셈 공식을 이용하여 $a+a^{-1}$의 값 구하기

$\left(a^{\frac{1}{2}}-a^{-\frac{1}{2}}\right)^2 = a+a^{-1}-2$

이므로

$a+a^{-1} = \left(a^{\frac{1}{2}}-a^{-\frac{1}{2}}\right)^2 + 2$

$\qquad = 3^2 + 2$

$\qquad = 11$

해결전략 ② 곱셈 공식을 이용하여 $a^{\frac{3}{2}}-a^{-\frac{3}{2}}$의 값 구하기

$\left(a^{\frac{1}{2}}-a^{-\frac{1}{2}}\right)^3 = a^{\frac{3}{2}}-a^{-\frac{3}{2}}-3\times a^{\frac{1}{2}}\times a^{-\frac{1}{2}}\left(a^{\frac{1}{2}}-a^{-\frac{1}{2}}\right)$

이므로

$a^{\frac{3}{2}}-a^{-\frac{3}{2}} = \left(a^{\frac{1}{2}}-a^{-\frac{1}{2}}\right)^3 + 3\times a^{\frac{1}{2}}\times a^{-\frac{1}{2}}\left(a^{\frac{1}{2}}-a^{-\frac{1}{2}}\right)$

$\qquad = 3^3 + 3\times 3$

$\qquad = 36$

해결전략 ③ 식의 값 구하기

따라서

$\dfrac{a^{\frac{3}{2}}-a^{-\frac{3}{2}}}{a+a^{-1}} = \dfrac{36}{11}$

답 ③

수능感 쌤의 수능 대비 한 마디!!

지수가 포함된 식의 값을 구하는 문제는 다항식의 전개 공식 또는 곱셈 공식의 변형, 인수분해 공식 등을 이용하여 구하는 문제 또는 이차방정식의 근과 계수의 관계를 이용하여 구하는 문제가 주로 출제되고 있습니다. 대부분 쉬운 문제들이니 그동안 배운 내용을 떠올리면서 해결 방법을 찾아보도록 합니다.

수능유형 체크

◎ 9542-0001

$2^a + 2^{-a} = 6$일 때,

$$(2^{a+1}+2^{-a+1})^2 + (2^{a+1}-2^{-a+1})^2$$

의 값을 구하시오. (단, a는 실수이다.)

문항 속 개념

[수학 Ⅰ]
지수의 계산

+

[수학]
곱셈 공식

01-1

○ 9542-0002

2 이상의 정수 n에 대하여 100의 n제곱근 중 실수인 것의 개수를 $f(n)$이라 할 때, $f(2)+f(3)+f(4)+\cdots+f(9)+f(10)$의 값은?

① 11   ② 12   ③ 13

④ 14   ⑤ 15

01-2

○ 9542-0003

$ab=3$을 만족시키는 두 양수 a, b에 대하여
$$\left(a^{\frac{1}{4}}-b^{\frac{1}{4}}\right)\left(a^{\frac{1}{4}}+b^{\frac{1}{4}}\right)\left(a^{\frac{1}{2}}+b^{\frac{1}{2}}\right)=2$$
일 때, $a+b$의 값은?

① $\sqrt{13}$ ② $\sqrt{14}$ ③ $\sqrt{15}$

④ 4   ⑤ $\sqrt{17}$

01-3

○ 9542-0004

2 이상의 자연수 n에 대하여 3^{100}의 n^2제곱근 전체의 집합을 A_n이라 하자. 자연수 전체의 집합을 N이라 할 때, $A_n \cap N \neq \varnothing$을 만족시키는 모든 자연수 n의 값의 합을 구하시오.

01-4

○ 9542-0005

$(\sqrt[5]{27})^{\frac{4}{3}}$이 어떤 자연수의 n제곱근이 되도록 하는 2 이상 100 이하의 모든 자연수 n의 개수는? (단, $n \geq 2$)

① 10   ② 15   ③ 20

④ 25   ⑤ 30

02 로그의 뜻과 성질

내신 유형

$7^a=4$, $7^b=12$일 때, 다음 중 $\log_6 63$을 a와 b로 나타낸 것은?

① $\dfrac{4b-2a}{2b-a}$ ② $\dfrac{4b-2a+2}{2b-a}$

③ $\dfrac{4b-4a}{2b-a}$ ④ $\dfrac{4b-4a+2}{2b-a}$

⑤ $\dfrac{4b-4a+4}{2b-a}$

풀이

$a=\log_7 4=2\log_7 2$

이므로 $\log_7 2=\dfrac{a}{2}$

$b=\log_7 12=2\log_7 2+\log_7 3=a+\log_7 3$

이므로 $\log_7 3=b-a$

따라서

$\log_6 63=\dfrac{\log_7 63}{\log_7 6}=\dfrac{\log_7 (7\times 3^2)}{\log_7 (2\times 3)}=\dfrac{1+2\log_7 3}{\log_7 2+\log_7 3}$

$\qquad =\dfrac{1+2(b-a)}{\dfrac{a}{2}+(b-a)}=\dfrac{2+4b-4a}{a+2(b-a)}$

$\qquad =\dfrac{4b-4a+2}{2b-a}$

답 ④

수능 유형

이차방정식 $2x^2-x-2=0$의 서로 다른 두 실근을 각각

$$\log_2 \alpha, \ \log_2 \beta$$

라 할 때, $\log_\alpha \beta^2+\log_\beta \alpha^2$의 값은?

① -6 ② $-\dfrac{11}{2}$ ③ -5

④ $-\dfrac{9}{2}$ ⑤ -4

개념 必 잡기

- 로그의 성질

  $a>0$, $a\neq 1$, $M>0$, $N>0$일 때

  (1) $\log_a 1=0$, $\log_a a=1$

  (2) $\log_a MN=\log_a M+\log_a N$

  (3) $\log_a \dfrac{M}{N}=\log_a M-\log_a N$

  (4) $\log_a M^k=k\log_a M$ (단, k는 실수)

  (5) $\log_{a^p} M^q=\dfrac{q}{p}\log_a M$ (단, p, q는 실수이고, $p\neq 0$)

- 로그의 밑의 변환

  a, b, c가 양수이고 $a\neq 1$, $c\neq 1$일 때

  $$\log_a b=\dfrac{\log_c b}{\log_c a}$$

수능 感 잡기

문제 분석

이차방정식의 근과 계수의 관계를 이용하여 로그로 표현된 식의 값을 구하는 문제이다.

+α 개념

[수학 I] 로그 **+** [수학] 이차방정식의 근과 계수의 관계

- [수학] 이차방정식의 근과 계수의 관계

  x에 대한 이차방정식 $ax^2+bx+c=0$의 두 근을 각각 α, β라 하면

  $$\alpha+\beta=-\dfrac{b}{a}, \ \alpha\beta=\dfrac{c}{a}$$

풀이

해결전략 ① 이차방정식의 근과 계수의 관계를 이용하여 관계식 구하기

이차방정식 $2x^2-x-2=0$의 서로 다른 두 실근이 각각

$\log_2 \alpha,\ \log_2 \beta$

이므로 이차방정식의 근과 계수의 관계에 의하여

$\log_2 \alpha+\log_2 \beta=\dfrac{1}{2},\ \log_2 \alpha\times\log_2 \beta=-1$

해결전략 ② 로그의 밑의 변환 공식을 이용하여 주어진 식 변형하기

$$\log_\alpha \beta^2+\log_\beta \alpha^2=2(\log_\alpha \beta+\log_\beta \alpha)$$
$$=2\left(\frac{\log_2 \beta}{\log_2 \alpha}+\frac{\log_2 \alpha}{\log_2 \beta}\right)$$
$$=\frac{2\{(\log_2 \beta)^2+(\log_2 \alpha)^2\}}{\log_2 \alpha\times\log_2 \beta} \quad\cdots\cdots ⊙$$

해결전략 ③ 식의 값 구하기

$$(\log_2 \alpha)^2+(\log_2 \beta)^2=(\log_2 \alpha+\log_2 \beta)^2-2\log_2 \alpha\times\log_2 \beta$$
$$=\left(\frac{1}{2}\right)^2-2\times(-1)$$
$$=\frac{9}{4}$$

이므로 ⊙에서

$$\log_\alpha \beta^2+\log_\beta \alpha^2=\frac{2\times\dfrac{9}{4}}{-1}=-\frac{9}{2}$$

답 ④

수능感 쌤의 수능 대비 한 마디!!

로그가 포함된 식을 간단히 하거나 그 값을 구하는 문제를 해결하기 위해서는 로그의 밑과 진수의 조건을 가장 먼저 조사해야 합니다. 곱셈 공식이나 로그의 밑의 변환 공식 등을 이용하는 문제도 자주 출제되니 기본 문제를 중심으로 연습하도록 합니다.

수능 유형 체크   ○ 9542-0006

그림과 같이 양수 a에 대하여 최고차항의 계수가 1인 이차함수 $y=f(x)$의 그래프와 직선 $y=a$는 두 점 $(0, a)$, $(3, a)$에서 만난다.

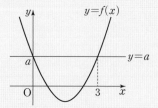

방정식 $f(x)=0$의 두 근을 $\log_6 b,\ \log_b 36$이라 할 때, ab의 최댓값을 구하시오. (단, $b>1$)

문항 속 개념

[수학 I] 로그	+	[수학] 이차방정식의 근과 계수의 관계

02-1

○ 9542-0007

$\log_4 81 \times \log_9 125 \times \log_{\frac{1}{5}} 32 = k$라 할 때,

$\log_a |k| = 2$를 만족시키는 1이 아닌 양수 a의 값은?

① $\sqrt{14}$ ② $\sqrt{15}$ ③ 4

④ $\sqrt{17}$ ⑤ $3\sqrt{2}$

02-2

○ 9542-0008

$-2 < \log x < \frac{5}{2}$일 때, $\log x\sqrt{x} + \log \frac{1}{\sqrt[3]{x}}$의 값이 정

수가 되도록 하는 모든 양수 x의 값의 곱은?

① 1   ② $10^{\frac{3}{7}}$ ③ $10^{\frac{6}{7}}$

④ $10^{\frac{9}{7}}$ ⑤ $10^{\frac{12}{7}}$

02-3

○ 9542-0009

양의 실수 x와 자연수 n이 다음 조건을 만족시킨다.

> (가) $\log_2 \{\log_3 (\log_4 x)\} = 1$
>
> (나) $n \leq \log x < n+1$

이때 $n + \log_2 x$의 값은?

(단, $\log 2 = 0.3010$으로 계산한다.)

① 21   ② 22   ③ 23

④ 24   ⑤ 25

02-4

○ 9542-0010

0이 아닌 세 실수 a, b, c와 양수 x가 다음 조건을 만족시킨다.

> (가) $\dfrac{1}{ab} + \dfrac{1}{bc} + \dfrac{1}{ca} = \dfrac{2}{abc}$
>
> (나) $a \log_{36} x = b \log_{30} x = c \log_{25} x = 1$

이때 $\sqrt[3]{x}$의 값은?

① $\sqrt[3]{28}$ ② $\sqrt[3]{30}$ ③ $\sqrt{28}$

④ $\sqrt{30}$ ⑤ 6

03 지수함수와 그래프

함수 $y=-2^{x+1}+3$의 그래프를 y축에 대하여 대칭이동시킨 그래프를 나타내는 함수식이 $y=f(x)$이다.
$-2\le x\le 2$에서 함수 $y=f(x)$의 최댓값을 M, 최솟값을 m이라 할 때, $2(M-m)$의 값을 구하시오.

풀이

함수 $y=-2^{x+1}+3$의 그래프를 y축에 대하여 대칭이동시키면

$y=-2^{-x+1}+3$, 즉 $y=-\left(\dfrac{1}{2}\right)^{x-1}+3$이므로

함수 $y=f(x)$의 그래프는 $y=\left(\dfrac{1}{2}\right)^{x}$의 그래프를 x축에 대하여

대칭이동한 $y=-\left(\dfrac{1}{2}\right)^{x}$의 그래프를 x축의 방향으로 1만큼, y축의 방향으로 3만큼 평행이동한 그래프이므로 그림과 같이 x의 값이 증가하면 y의 값도 증가한다.

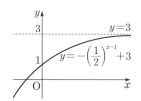

그러므로 함수 $y=f(x)$는 $-2\le x\le 2$에서

$x=-2$일 때, 최솟값 $m=-\left(\dfrac{1}{2}\right)^{-2-1}+3=-5$

$x=2$일 때, 최댓값 $M=-\left(\dfrac{1}{2}\right)^{2-1}+3=\dfrac{5}{2}$

따라서

$2(M-m)=2\left\{\dfrac{5}{2}-(-5)\right\}=15$

 답 15

개념 必 잡기

• 지수함수 $y=a^{x}$ $(a>0,\ a\ne 1)$에 대하여
 ① $a>1$일 때, x의 값이 증가하면 y의 값도 증가한다.
 ② $0<a<1$일 때, x의 값이 증가하면 y의 값은 감소한다.

함수 $y=a^{x}$ $(a>0,\ a\ne 1)$의 그래프를 x축의 방향으로 -1만큼, y축의 방향으로 -2만큼 평행이동시킨 그래프와 함수 $y=2^{-x-1}+k$의 그래프가 일치하고 점근선은 직선 $y=b$이다. $-3\le x\le 1$에서 함수 $y=2^{-x-1}+k$의 최솟값을 m이라 할 때, $-10mabk$의 값을 구하시오.

(단, $a,\ k$는 상수이다.)

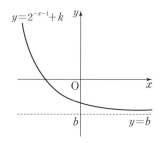

수능 感 잡기

문제 분석

평행이동을 이용하여 지수함수의 그래프를 구하고 그 특징을 이용하여 주어진 x의 값의 범위에서 최솟값을 구하는 문제이다.

+α 개념

| [수학 I] 지수함수 | + | [수학] 도형의 이동 | + | [수학 I] 지수법칙 |

• **[수학] 도형의 평행이동**
 방정식 $f(x,\ y)=0$이 나타내는 도형을 x축의 방향으로 m만큼, y축의 방향으로 n만큼 평행이동한 도형의 방정식은
 $$f(x-m,\ y-n)=0$$

• **[수학 I] 지수법칙**
 $a>0,\ b>0$이고 $x,\ y$가 실수일 때
 (1) $a^{x}a^{y}=a^{x+y}$ (2) $a^{x}\div a^{y}=a^{x-y}$
 (3) $(a^{x})^{y}=a^{xy}$ (4) $(ab)^{x}=a^{x}b^{x}$

풀이

해결전략 ① 함수 $y=a^x$의 그래프를 x축의 방향으로 -1만큼, y축의 방향으로 -2만큼 평행이동한 그래프의 식 구하기

함수 $y=a^x$의 그래프를 x축의 방향으로 -1만큼, y축의 방향으로 -2만큼 평행이동하면

$y=a^{x+1}-2$

이 식은 $y=2^{-x-1}+k=\left(\dfrac{1}{2}\right)^{x+1}+k$와 일치하므로

$a=\dfrac{1}{2}$, $k=-2$

그러므로 $y=\left(\dfrac{1}{2}\right)^{x+1}-2$ ...... ㉠

해결전략 ② ①에서 구한 식에서 점근선 구하기

㉠에서 점근선은 $y=-2$이다.

즉, $b=-2$

해결전략 ③ 함수 $y=\left(\dfrac{1}{2}\right)^{x+1}-2$의 그래프에서 m의 값을 구하여 $-10mabk$의 값 구하기

함수 $y=\left(\dfrac{1}{2}\right)^{x+1}-2$의 그래프는 x의 값이 증가하면 y의 값은 감소하므로 함수 $y=\left(\dfrac{1}{2}\right)^{x+1}-2$는

$x=1$일 때, 최솟값 $m=\left(\dfrac{1}{2}\right)^{1+1}-2=-\dfrac{7}{4}$을 갖는다.

따라서

$-10mabk=-10\times\left(-\dfrac{7}{4}\right)\times\dfrac{1}{2}\times(-2)\times(-2)=35$

답 35

수능 感 쌤의 수능 대비 한 마디!!

지수함수의 그래프에 대한 문제는 지수함수 $y=a^x$ $(a>0,\ a\neq1)$의 그래프를 어떻게 평행이동 또는 대칭이동했는지를 파악해야 합니다.
물론 a의 값의 범위에 따른 그래프의 특징은 이미 이해하고 있어야 합니다.

수능 유형 체크

○ 9542-0011

지수함수 $y=5\times2^x$의 그래프를 x축의 방향으로 2만큼, y축의 방향으로 a만큼 평행이동한 후, y축에 대하여 대칭이동한 그래프를 나타내는 함수를 $y=f(x)$라 하고, 함수 $y=f(x)$의 그래프가 그림과 같이 점 $(-1,\ 10)$을 지난다.

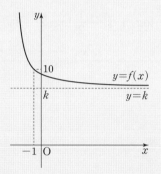

함수 $y=f(x)$의 그래프의 점근선은 직선 $y=k$이고 $-2\le x\le3$에서 함수 $y=f(x)$의 최댓값을 M이라 할 때, $M+k$의 값은?

① 20
② $\dfrac{41}{2}$
③ 21
④ $\dfrac{43}{2}$
⑤ 22

문항 속 개념

| [수학 I] 지수함수 | + | [수학] 도형의 이동 | + | [수학 I] 지수법칙 |

03-1

⭕ 9542-0012

함수 $f(x)=3^x+\sqrt{5}$에 대하여 함수 $y=f(x)$의 그래프를 x축의 방향으로 m만큼, y축의 방향으로 n만큼 평행이동하였더니 함수 $y=\sqrt{5}f(x)-5$의 그래프와 일치하였다. mn의 값은?

① $-\dfrac{\sqrt{5}}{2}\log_3 5$　② $-\dfrac{1}{2}\log_5 2$　③ $\dfrac{1}{2}\log_5 2$

④ 1　　　　　⑤ $\dfrac{\sqrt{5}}{2}\log_3 5$

03-2

⭕ 9542-0013

지수함수 $y=3^x$의 그래프 위의 점 $A(1, 3)$을 x축의 방향으로 2만큼, y축의 방향으로 -1만큼 평행이동한 점을 B라 하자. 지수함수 $y=3^x$의 그래프를 x축의 방향으로 k만큼 평행이동한 그래프가 점 B를 지날 때, k의 값은?

① $\log_3 \dfrac{19}{2}$　　② $\log_3 \dfrac{21}{2}$　　③ $\log_3 \dfrac{23}{2}$

④ $\log_3 \dfrac{25}{2}$　　⑤ $\log_3 \dfrac{27}{2}$

03-3

⊙ 9542-0014

그림은 좌표평면 위에 세 지수함수

$$y=a^x, y=b^x, y=c^x$$

의 그래프를 그린 것이다. 임의의 실수 p에 대하여 $a^p=b^{-p}$일 때, 〈보기〉에서 옳은 것만을 있는 대로 고른 것은? (단, a, b, c는 1이 아닌 양수이다.)

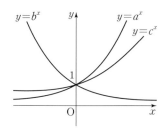

| 보기 |

ㄱ. $ab-c>0$

ㄴ. 함수 $y=\left(\dfrac{c}{a}\right)^x$의 그래프는 x의 값이 증가하면 y의 값은 감소한다.

ㄷ. $b<\dfrac{1}{c}$

① ㄱ   ② ㄴ   ③ ㄱ, ㄴ

④ ㄴ, ㄷ   ⑤ ㄱ, ㄴ, ㄷ

03-4

⊙ 9542-0015

함수 $y=2^x$의 그래프를 직선 $y=x$에 대하여 대칭이동한 함수 $y=f(x)$의 그래프가 그림과 같다. 곡선 $y=2^x$ 위의 점 A(1, 2)를 직선 $y=x$에 대하여 대칭이동한 점을 B라 하고, 점 B를 지나고 y축과 평행한 직선이 곡선 $y=2^x$과 만나는 점을 C라 하자. 점 C를 지나면서 x축과 평행한 직선이 직선 $y=x$와 만나는 점을 D, 선분 AD가 선분 BC와 만나는 점을 E라 하자. 삼각형 ABE의 넓이와 삼각형 CED의 넓이의 합은?

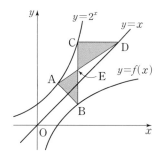

① $\dfrac{3}{2}$ ② $\dfrac{5}{3}$ ③ $\dfrac{11}{6}$

④ 2   ⑤ $\dfrac{13}{6}$

04 로그함수와 그래프

$a \le x \le b$일 때, 지수함수 $y = \left(\dfrac{1}{2}\right)^x$의 최댓값은 9, 최솟값은 3이다. 함수 $y = \left(\dfrac{1}{2}\right)^x$의 역함수 $y = f(x)$에 대하여

$$a = f(p), \quad b = f(q)$$

를 만족시키는 두 상수 p, q가 있다. $q \le x \le p$일 때, 함수 $y = f(x-1) + 2$의 최댓값 M과 최솟값 m에 대하여 $M + m$의 값은?

① -2 ② -1 ③ 0

④ 1 ⑤ 2

풀이

지수함수 $y = \left(\dfrac{1}{2}\right)^x$의 그래프는 x의 값이 증가하면 y의 값은 감소한다.

$\left(\dfrac{1}{2}\right)^a = 9$에서 $a = \log_{\frac{1}{2}} 9$, $\left(\dfrac{1}{2}\right)^b = 3$에서 $b = \log_{\frac{1}{2}} 3$

$y = \left(\dfrac{1}{2}\right)^x$의 역함수가 $y = f(x) = \log_{\frac{1}{2}} x$이므로

$a = f(p)$에서 $a = \log_{\frac{1}{2}} 9$이므로 $p = 9$

$b = f(q)$에서 $b = \log_{\frac{1}{2}} 3$이므로 $q = 3$

한편, $y = f(x-1) + 2 = \log_{\frac{1}{2}} (x-1) + 2$이므로 x의 값이 증가하면 y의 값은 감소한다.

따라서 $3 \le x \le 9$에서

$x = 3$일 때, $M = \log_{\frac{1}{2}} 2 + 2 = -1 + 2 = 1$

$x = 9$일 때, $m = \log_{\frac{1}{2}} 8 + 2 = -3 + 2 = -1$

따라서 $M + m = 1 + (-1) = 0$

답 ③

개념 必 잡기

- 로그함수 $y = \log_a x \, (a > 0, \, a \ne 1)$의 그래프와 지수함수 $y = a^x$의 그래프는 직선 $y = x$에 대하여 대칭이다. 즉, 서로 역함수 관계이다.
- $a > 0$, $a \ne 1$, $N > 0$일 때, $a^x = N$을 만족하는 실수 x는 $x = \log_a N$이다.

함수 $f(x) = a^x + \sqrt{2} \, (a > 1)$의 역함수를 $y = g(x)$라 하자. 네 점 $(0, 0)$, $(t, 0)$, $(t, f(t))$, $(0, f(t))$를 꼭짓점으로 하는 직사각형을 T_1, 네 점 $(0, 0)$, $(0, t)$, $(f(t), t)$, $(f(t), 0)$을 꼭짓점으로 하는 직사각형을 T_2라 할 때, 직사각형 T_1의 넓이는 $9\sqrt{2}$이고, 두 직사각형 T_1과 T_2의 색칠된 공통 부분의 넓이는 9이다. 직사각형 T_2의 넓이 S와 함수 $y = g(x)$에 대하여 $S^2 + g(5\sqrt{2})$의 값을 구하시오. (단, $t > 1 + \sqrt{2}$)

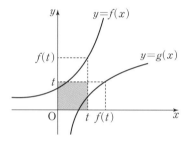

수능 感 잡기

문제 분석

로그함수와 지수함수가 서로 역함수임을 알고 그래프에서의 특징을 이용하는 문제로서 '두 직사각형 T_1과 T_2의 공통 부분의 넓이가 9이다.'라는 조건이 무엇을 뜻하는지 그림에서 파악이 되어야 한다.

+α 개념

[수학 I] 로그함수	+	[수학 I] 로그	+	[수학] 역함수

- **[수학 I] 로그의 성질**

  $M > 0$, $N > 0$이고 $a > 0$, $a \ne 1$일 때

  (1) $\log_a 1 = 0$, $\log_a a = 1$

  (2) $\log_a MN = \log_a M + \log_a N$

  (3) $\log_a \dfrac{M}{N} = \log_a M - \log_a N$

  (4) $\log_a M^k = k \log_a M$ (단, k는 실수)

- **[수학] 역함수**

  (1) 함수 f가 일대일 대응일 때, $f(x) = y \iff f^{-1}(y) = x$

  (2) 역함수를 구하는 방법

  ① $y = f(x)$를 x에 대하여 정리하여 $x = g(y)$로 나타낸다.

  ② x와 y를 바꾸어 역함수 $y = f^{-1}(x)$를 구한다.

풀이

해결전략 ❶ 직사각형 T_2는 직사각형 T_1을 직선 $y=x$에 대하여 대칭이동한 도형임을 알기

네 점 $(0, 0)$, $(0, t)$, $(f(t), t)$, $(f(t), 0)$은 네 점 $(0, 0)$, $(t, 0)$, $(t, f(t))$, $(0, f(t))$를 직선 $y=x$에 대하여 대칭이동한 점이다.

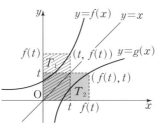

그러므로 점 $(f(t), t)$는 함수 $y=g(x)$의 그래프 위에 있는 점이다.

따라서 그림과 같이 네 점 $(0, 0)$, $(0, t)$, $(f(t), t)$, $(f(t), 0)$을 꼭짓점으로 하는 직사각형 T_2는 네 점 $(0, 0)$, $(t, 0)$, $(t, f(t))$, $(0, f(t))$를 꼭짓점으로 하는 직사각형 T_1을 직선 $y=x$에 대하여 대칭이동한 것이다.

해결전략 ❷ 두 직사각형 T_1과 T_2의 공통 부분을 찾아 t의 값 구하기

두 직사각형 T_1과 T_2의 공통 부분은 한 변의 길이가 t인 정사각형이고 그 넓이가 9이므로
$t^2=9$에서 $t=3$

해결전략 ❸ a의 값과 $g(5\sqrt{2})$의 값 구하기

$f(3)=a^3+\sqrt{2}$이고 직사각형 T_1의 넓이가 $9\sqrt{2}$이므로
$3(a^3+\sqrt{2})=9\sqrt{2}$, $a^3+\sqrt{2}=3\sqrt{2}$, 즉
$a^3=2\sqrt{2}=\sqrt{8}$에서 $a=\sqrt{2}$
$y=(\sqrt{2})^x+\sqrt{2}$에서 $(\sqrt{2})^x=y-\sqrt{2}$, $x=\log_{\sqrt{2}}(y-\sqrt{2})$
x와 y를 서로 바꾸면
$y=\log_{\sqrt{2}}(x-\sqrt{2})$, 즉 $g(x)=\log_{\sqrt{2}}(x-\sqrt{2})$
$g(5\sqrt{2})=\log_{\sqrt{2}}4\sqrt{2}=\log_2 32=5$
한편, 두 직사각형 T_1과 T_2의 넓이는 같으므로
$S^2=(9\sqrt{2})^2=162$
따라서 $S^2+g(5\sqrt{2})=162+5=167$

답 167

수능感 쌤의 수능 대비 한 마디!!

지수함수의 역함수가 로그함수이고 지수함수의 그래프와 로그함수의 그래프는 서로 직선 $y=x$에 대하여 대칭이므로 이 성질을 이해하여 그래프에서 언제든지 이용할 수 있는 준비가 되어 있어야 합니다.

수능유형 체크
9542-0016

그림은 로그함수 $y=\log_a x$의 그래프이다. 네 실수 b, c, d, e에 대하여 $be=\dfrac{1}{2}cd$가 성립할 때, 로그함수 $y=\log_a x$의 그래프를 x축의 방향으로 2만큼 평행이동한 그래프를 나타내는 함수의 역함수 $y=f(x)$에 대하여 $f(2)$의 값은? (단, $a>1$)

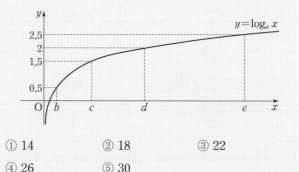

① 14　　　　② 18　　　　③ 22
④ 26　　　　⑤ 30

문항 속 개념

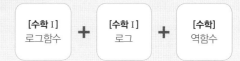

04-1

◐ 9542-0017

그림과 같이 두 곡선 $y=\log_2 x$와 $y=\log_{\frac{1}{4}} x$가 직선 $x=a$와 만나는 점을 각각 A, B라 하고, 직선 $x=a+2$와 만나는 점을 각각 C, D라 할 때, 두 선분 AB와 CD의 길이의 차가 $\frac{3}{2}$이다. 상수 a의 값은?

(단, $a>1$)

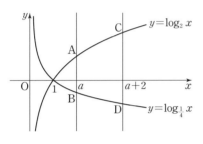

① $\sqrt{2}$　　② $\sqrt{3}$　　③ 2

④ $\sqrt{5}$　　⑤ $\sqrt{6}$

04-2

◐ 9542-0018

함수 $f(x)=2^x$에 대하여 그림은 함수 $y=f(x)$의 그래프와 함수 $y=f(x)$의 역함수 $y=g(x)$의 그래프이다. 함수 $y=g(x)$의 그래프가 x축과 만나는 점 $(a, 0)$에 대하여 점 $(a, 0)$을 지나면서 y축과 평행한 직선이 함수 $y=f(x)$의 그래프와 만나는 점을 A, 점 A를 지나면서 x축과 평행한 직선이 함수 $y=g(x)$의 그래프와 만나는 점을 B, 점 B를 지나면서 y축과 평행한 직선이 함수 $y=f(x)$의 그래프와 만나는 점을 C, 점 C를 지나면서 x축과 평행한 직선이 직선 $x=a$와 만나는 점을 D라 할 때, 직사각형 ABCD의 넓이를 S라 하자. $g(x)=S$를 만족시키는 x의 값은?

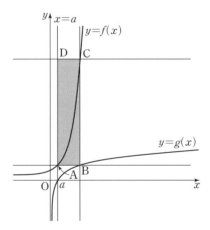

① 2^{34}　　② 2^{36}　　③ 2^{38}

④ 2^{40}　　⑤ 2^{42}

04-3

◐ 9542-0019

함수 $y=\left(\dfrac{1}{3}\right)^{x}$의 역함수 $y=f(x)$의 그래프를 x축의 방향으로 1만큼, y축의 방향으로 -2만큼 평행이동한 그래프를 나타내는 함수의 정의역이 $\{x \mid a \le x \le 10\}$일 때, 치역은 $\{y \mid b \le y \le 0\}$이다. 두 상수 a, b의 합 $a+b$의 값은?

① $-\dfrac{29}{9}$ ② $-\dfrac{28}{9}$ ③ -3

④ $-\dfrac{26}{9}$ ⑤ $-\dfrac{25}{9}$

04-4

◐ 9542-0020

함수 $f(x)=\log_{a}(x^{2}-4x+8)$에 대하여 〈보기〉에서 옳은 것만을 있는 대로 고른 것은? (단, $a \ne 1$, $a>0$)

┤ 보기 ├

ㄱ. $a=2$일 때, $f(4)=3$이다.

ㄴ. $a \ge 2$일 때, $a^{2} \le x^{2}-4x+8 \le a^{5}$이면 함수 $f(x)$의 최댓값과 최솟값의 합은 3이다.

ㄷ. $a=\dfrac{1}{2}$일 때, 함수 $f(x)$의 최댓값은 -2이다.

① ㄱ   ② ㄱ, ㄴ   ③ ㄱ, ㄷ

④ ㄴ, ㄷ   ⑤ ㄱ, ㄴ, ㄷ

05 지수함수와 로그함수의 활용

부등식 $\dfrac{1}{125} < (0.2)^{4a} < \dfrac{1}{25}$ 을 만족하는 실수 a에 대하여

부등식 $a^{x^2-3x-4} \geq \left(\dfrac{1}{a}\right)^{x^2-4x}$ 을 만족시키는 모든 정수 x의

값의 합은?

① 6 　　　　② 7 　　　　③ 8

④ 9 　　　　⑤ 10

풀이

$\dfrac{1}{125} < (0.2)^{4a} < \dfrac{1}{25}$ 에서 $\left(\dfrac{1}{5}\right)^3 < \left(\dfrac{1}{5}\right)^{4a} < \left(\dfrac{1}{5}\right)^2$ 이므로

$3 > 4a > 2$, 즉 $\dfrac{1}{2} < a < \dfrac{3}{4}$ 　　　　……㉠

$a^{x^2-3x-4} \geq \left(\dfrac{1}{a}\right)^{x^2-4x}$ 에서

$a^{x^2-3x-4} \geq a^{-x^2+4x}$

㉠에서 $\dfrac{1}{2} < a < \dfrac{3}{4} < 1$ 이므로

$x^2 - 3x - 4 \leq -x^2 + 4x$

즉, $2x^2 - 7x - 4 \leq 0$ 이므로 $(x-4)(2x+1) \leq 0$ 에서

$-\dfrac{1}{2} \leq x \leq 4$

따라서 구하는 정수 x는 $0, 1, 2, 3, 4$ 이므로 그 합은 10이다.

답 ⑤

개념 必 잡기

(1) $a^{f(x)} > a^{g(x)}$의 꼴에서
　① $a > 1$일 때, $f(x) > g(x)$를 푼다.
　② $0 < a < 1$일 때, $f(x) < g(x)$를 푼다.
(2) $\log_a f(x) > \log_a g(x)$의 꼴에서
　① $0 < a < 1$일 때, $0 < f(x) < g(x)$
　② $a > 1$일 때, $f(x) > g(x) > 0$

임의의 두 실수 p, q에 대하여 다음 명제가 참이 되기 위한
실수 x의 값의 범위는?

> $p < q$이면 $(3x^2 - 16x + 22)^p > (3x^2 - 16x + 22)^q$
> 이다.

① $\dfrac{7}{3} < x < 3$ 　　　② $\dfrac{8}{3} < x < 4$

③ $3 < x < 5$ 　　　④ $\dfrac{10}{3} < x < 6$

⑤ $\dfrac{11}{3} < x < 7$

수능 感 잡기

문제 분석

지수에 미지수가 포함된 부등식에 대한 문제로서 주어진 명제가 참이 되
도록 하는 x의 값의 범위를 구하는 문제이지만 결국은 지수함수의 그래
프의 특징을 이용하여야 한다.

+α 개념

[수학 I]
지수함수의
활용
+
[수학]
이차부등식

• [수학] 이차부등식의 해
　이차방정식 $ax^2 + bx + c = 0$ $(a > 0)$의 판별식을 $D = b^2 - 4ac$라 하
　면 이차부등식의 해는 다음과 같다.

	$D < 0$인 경우
$y = ax^2 + bx + c$의 그래프	（아래로 볼록한 포물선 그래프）
$ax^2 + bx + c > 0$의 해	모든 실수
$ax^2 + bx + c < 0$의 해	해가 없다.

풀이

해결전략 ❶ 명제 '$p<q$이면
$(3x^2-16x+22)^p>(3x^2-16x+22)^q$이다.'가 참이기 위한 밑
의 범위 구하기

임의의 두 실수 p, q에 대하여

$p<q$일 때 $a^p>a^q$이 참이려면 $0<a<1$이어야 하므로

$0<3x^2-16x+22<1$

해결전략 ❷ ❶에서 구한 밑의 범위를 만족시키는 x의 값의 범위
구하기

(i) $0<3x^2-16x+22$일 때

이차방정식 $3x^2-16x+22=0$의 판별식을 D라 하면

$$\frac{D}{4}=(-8)^2-3\times22=-2<0$$

이므로 부등식 $0<3x^2-16x+22$를 만족시키는 x는 모든
실수이다.

(ii) $3x^2-16x+22<1$일 때

$3x^2-16x+21<0$

$(3x-7)(x-3)<0$

그러므로 $\dfrac{7}{3}<x<3$

해결전략 ❸ (i), (ii)를 동시에 만족시키는 x의 값의 범위 구하기

(i), (ii)에서 구하는 x의 값의 범위는

$$\frac{7}{3}<x<3$$

답   ①

 수능 대비 한 마디!!

지수의 밑에 따른 그래프의 특징을 이해하여 해결하는 문제가
대부분입니다. 그래서 지수의 밑의 크기를 우선 판단한 후에는
지수함수의 그래프 위에서 지수의 성질과 대소 관계를 이용하
여 문제에 접근하는 연습을 충분히 해야 합니다.

수능 유형 체크   ◐ 9542-0021

부등식 $\log_2(x^2-16)-\log_2(x-1)\le2$를 만족시키는
모든 정수 x의 값의 합은?

① 11   ② 12   ③ 13

④ 14   ⑤ 15

문항 속 개념

[수학 I]
지수함수의
활용

➕

[수학]
이차부등식

05-1

● 9542-0022

부등식

$$\left(\frac{1}{a}\right)^{5-a} < a^2 \times \sqrt{a} < a^{2a-3}$$

을 만족시키는 모든 자연수 a의 개수는?

① 3   ② 4   ③ 5

④ 6   ⑤ 7

05-2

● 9542-0023

방정식

$$\log_3 (2^x + 2) = \log_9 81(2^x + 2)$$

를 만족시키는 실수 x의 값에 대하여 부등식 $\alpha < x < \alpha + 1$이 성립할 때, 자연수 α의 값은?

① 6   ② 7   ③ 8

④ 9   ⑤ 10

05-3

● 9542-0024

그림과 같이 두 함수 $y=2^{2x-1}$, $y=2^{3-2x}$의 그래프가 직선 $x=a$와 만나는 점을 각각 A, B라 하고 $\overline{AB}=\dfrac{15}{2}$일 때, 두 함수 $y=2^{2x-1}$, $y=2^{3-2x}$의 그래프가 직선 $x=a+1$과 만나는 점을 각각 C, D라 하자. 선분 CD의 길이를 l, 두 함수 $y=2^{2x-1}$, $y=2^{3-2x}$의 그래프의 교점의 x좌표를 p라 할 때, $8lp$의 값을 구하시오. (단, $a>p$)

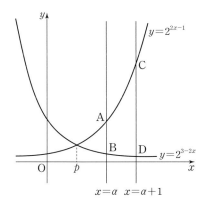

05-4

● 9542-0025

그림과 같이 직선 $x=4$와 곡선 $y=\log_2 x$가 만나는 점을 A, 직선 $x=k\,(k>4)$가 두 곡선 $y=\log_8 x$, $y=\log_2 x$와 만나는 점을 각각 B, C라 하자. 삼각형 ABC가 $\overline{AB}=\overline{AC}$인 이등변삼각형일 때, 삼각형 ABC의 넓이는?

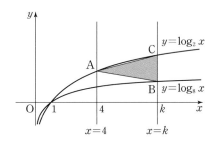

① $\dfrac{10}{3}$ ② $\dfrac{11}{3}$ ③ 4
④ $\dfrac{13}{3}$ ⑤ $\dfrac{14}{3}$

06 일반각과 호도법

$\dfrac{\pi}{2}<\theta<\pi$일 때, 2θ와 8θ의 동경이 일치되도록 하는 θ에 대하여 중심각의 크기가 θ이고 반지름의 길이가 2인 부채꼴의 호의 길이는?

① $\dfrac{\pi}{3}$ ② $\dfrac{2}{3}\pi$ ③ π

④ $\dfrac{4}{3}\pi$ ⑤ $\dfrac{5}{3}\pi$

풀이

2θ와 8θ의 동경이 일치하므로

$8\theta=2\theta+2n\pi$ (n은 정수)에서

$6\theta=2n\pi$, 즉 $\theta=\dfrac{n}{3}\pi$

$\dfrac{\pi}{2}<\theta<\pi$에서 $\dfrac{\pi}{2}<\dfrac{n\pi}{3}<\pi$이므로 $\dfrac{3}{2}<n<3$

n은 정수이므로 $n=2$

그러므로 $\theta=\dfrac{2}{3}\pi$

따라서 중심각의 크기가 $\dfrac{2}{3}\pi$이고 반지름의 길이가 2인 부채꼴의 호의 길이는

$2\times\dfrac{2}{3}\pi=\dfrac{4}{3}\pi$

답 ④

개념 必 잡기

- **일반각**

  동경 OP가 시초선 OX와 이루는 한 각의 크기를 α°라 할 때, 동경 OP로 정해지는 각의 크기 θ는

  $\theta=360^\circ\times n+\alpha^\circ$ (n은 정수)

  로 나타낼 수 있고, 이것을 동경 OP가 나타내는 일반각이라 한다.

- **호도법**

  원의 반지름의 길이 r와 호 AB의 길이가 같을 때의 부채꼴의 중심각의 크기를 1라디안이라 한다.

  $1(\text{라디안})=\dfrac{180^\circ}{\pi}$, $1^\circ=\dfrac{\pi}{180}(\text{라디안})$

- **부채꼴의 호의 길이와 넓이**

  반지름의 길이가 r, 중심각의 크기가 θ인 부채꼴에서 호의 길이를 l, 넓이를 S라 하면

  $l=r\theta$, $S=\dfrac{1}{2}r^2\theta=\dfrac{1}{2}rl$

그림과 같이 중심이 O로 같고 반지름의 길이가 각각 $\overline{OA}$, $\overline{OB}$인 두 개의 반원이 있다. 반직선 OB의 위치에서 반직선 OP가 점 O를 중심으로 시계 반대 방향으로 θ만큼 회전하여 두 반원과 만나는 점을 각각 C, D라 하자.

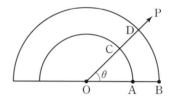

부채꼴 OAC의 넓이를 S_1, 부채꼴 OBD의 넓이를 S_2라 할 때, 다음 조건을 만족시킨다.

> (가) $\overline{OA}+\overline{OB}=25$
>
> (나) $S_1:S_2=4:9$

부채꼴 OBD의 호의 길이가 3π일 때, 다음 중 동경 OP가 나타내는 각의 크기는?

① -346° ② -324° ③ -236°

④ -224° ⑤ -186°

수능 感 잡기

문제 분석

부채꼴의 넓이의 비와 호도법으로 표현된 부채꼴의 호의 길이를 이용하여 동경 OP가 나타내는 일반각을 구하는 문제이다.

+α 개념

[수학 I] 일반각과 호도법	＋	[중2] 닮은 도형의 넓이의 비

- **[중2] 닮은 평면도형의 넓이의 비**

  닮은 두 평면도형의 넓이의 비는 닮음비의 제곱과 같다.

  즉, 닮음비가 $m:n$이면 넓이의 비는 $m^2:n^2$이다.

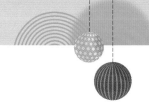

풀이

해결전략 ① 조건 (나)에서 부채꼴의 넓이의 비를 이용하여 $\overline{OA}$와 $\overline{OB}$의 비 구하기

조건 (나)에서 $S_1 : S_2 = 4 : 9$이고

부채꼴 OAC와 부채꼴 OBD는 서로 닮음이므로

$\overline{OA} : \overline{OB} = 2 : 3$

해결전략 ② 조건 (가)를 이용하여 $\overline{OB}$의 길이 구하기

$\overline{OA} = 2t$, $\overline{OB} = 3t$ ($t > 0$)로 놓으면 조건 (가)에 의하여

$2t + 3t = 25$, $5t = 25$

$t = 5$이므로

$\overline{OB} = 3t = 15$

해결전략 ③ 부채꼴 OBD의 호의 길이가 3π임을 이용하여 각 θ의 크기를 구한 후, 동경 OP가 나타내는 일반각 구하기

부채꼴 OBD의 호의 길이가 3π이므로

$15\theta = 3\pi$, 즉 $\theta = \dfrac{\pi}{5} = 36°$

그러므로 동경 OP가 나타내는 일반각은

$360° \times n + 36°$ (단, n은 정수)

따라서 동경 OP가 나타내는 각의 크기는

② $-324° = 360° \times (-1) + 36°$이다.

답 ②

수능感 쌤의 수능 대비 한 마디!!

기하학적인 도형이 주어진 문제에서 호도법을 이용하여 부채꼴의 호의 길이와 넓이를 구하는 것이 중요합니다.

이러한 문제는 주어진 기하학적인 도형에서 자연스럽게 이용할 성질을 생각해 내고 해결하는 연습을 해야 합니다. 물론 중학교 때 배운 내용이 이용되기도 하니까 열심히 정리해 두어야 합니다.

수능 유형 체크 ○ 9542-0026

그림과 같이 중심이 O이고 반지름의 길이가 6인 원 밖의 한 점 P에서 원에 그은 두 접선과의 접점을 각각 A, B라 하자. $\angle AOB = \dfrac{\pi}{3}$일 때, 부채꼴 OAB의 호 AB의 길이와 두 선분 AP, BP의 길이의 합은 $a\sqrt{3} + b\pi$이다. 두 자연수 a, b에 대하여 $a + b$의 값을 구하시오.

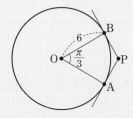

문항 속 개념

| [수학 I] 일반각과 호도법 | + | [중3] 삼각비 |

06-1

◑ 9542-0027

그림과 같이 동경 OP가 시초선 OX와 이루는 각의 크기 중 하나를 α라 할 때, $1470°$를 라디안으로 나타내면 $8\pi+\alpha$이다. 동경 OP의 일반각이 나타내는 각의 하나인 것을 〈보기〉에서 있는 대로 고른 것은?

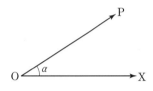

| 보기 |

ㄱ. $-\dfrac{13}{6}\pi$ ㄴ. $\dfrac{11}{6}\pi$ ㄷ. $\dfrac{25}{6}\pi$

① ㄱ   ② ㄷ   ③ ㄱ, ㄴ
④ ㄴ, ㄷ   ⑤ ㄱ, ㄴ, ㄷ

06-2

◑ 9542-0028

$0<\theta<\dfrac{\pi}{2}$인 각 θ에 대하여 3θ와 4θ를 나타내는 동경이 y축에 대하여 대칭일 때, 모든 θ의 값의 합은?

① $\dfrac{2}{7}\pi$ ② $\dfrac{3}{7}\pi$ ③ $\dfrac{4}{7}\pi$

④ $\dfrac{5}{7}\pi$ ⑤ $\dfrac{6}{7}\pi$

06-3

● 9542-0029

그림과 같이 중심각의 크기가 $\dfrac{\pi}{6}$인 부채꼴 OAB의 점 B에서 선분 OA에 내린 수선의 발을 H라 하자. $\overline{BH}=2$일 때, 두 선분 BH, AH와 호 AB로 둘러싸인 부분의 넓이는?

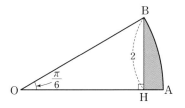

① $\dfrac{4}{3}\pi-2\sqrt{3}$ ② $\dfrac{5}{3}\pi-2\sqrt{3}$ ③ $\dfrac{4}{3}\pi-\sqrt{3}$

④ $\dfrac{5}{3}\pi-\sqrt{3}$ ⑤ $\dfrac{5}{3}\pi$

06-4

● 9542-0030

그림과 같이 반지름의 길이가 1인 원의 중심 O와 원 위의 한 점 A를 이은 선분 OA와 선분 OP가 수직이 되도록 점 P를 원 위에 정하고, 부채꼴 OTP의 넓이가 $\dfrac{\pi}{6}$가 되도록 점 T를 부채꼴 OAP의 호 AP 위에 정한다. 부채꼴 OTP의 호 TP의 길이와 선분 TQ의 길이가 같도록 점 T에서의 접선 위에 점 Q를 그림과 같이 정하고 점 T에서 선분 OP에 내린 수선의 발을 H라 할 때, 삼각형 QHT의 넓이는?

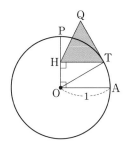

① $\dfrac{\pi}{10}$ ② $\dfrac{\pi}{9}$ ③ $\dfrac{\pi}{8}$

④ $\dfrac{\pi}{7}$ ⑤ $\dfrac{\pi}{6}$

07 삼각함수의 뜻과 삼각함수 사이의 관계

내신 유형

$\tan \theta(\tan \theta+3)=9(\tan \theta-1)$일 때,

$$\frac{1-\sin \theta}{1+\sin \theta}+\frac{1+\sin \theta}{1-\sin \theta}$$

의 값을 구하시오.

풀이

$\tan \theta(\tan \theta+3)=9(\tan \theta-1)$에서

$\tan^2 \theta+3 \tan \theta=9 \tan \theta-9$, 즉

$\tan^2 \theta-6 \tan \theta+9=0$

$(\tan \theta-3)^2=0$

$\tan \theta=3$

따라서

$\dfrac{1-\sin \theta}{1+\sin \theta}+\dfrac{1+\sin \theta}{1-\sin \theta}$

$=\dfrac{1-2 \sin \theta+\sin^2 \theta+1+2 \sin \theta+\sin^2 \theta}{1-\sin^2 \theta}$

$=\dfrac{2+2 \sin^2 \theta}{\cos^2 \theta}$

$=\dfrac{2(\cos^2 \theta+\sin^2 \theta)+2 \sin^2 \theta}{\cos^2 \theta}$

$=\dfrac{2 \cos^2 \theta+4 \sin^2 \theta}{\cos^2 \theta}$

$=2+4 \tan^2 \theta$

$=2+4 \times 9$

$=38$

답 38

개념 必 잡기

- **삼각함수의 뜻**

  동경이 x축의 양의 방향과 이루는 각의 크기를 θ, 동경과 반지름의 길이가 r인 원의 교점을 $P(x, y)$라 하면

  $$\sin \theta=\frac{y}{r}, \cos \theta=\frac{x}{r}, \tan \theta=\frac{y}{x} \ (x \neq 0)$$

- **삼각함수 사이의 관계**

  (1) $\tan \theta=\dfrac{\sin \theta}{\cos \theta}$

  (2) $\sin^2 \theta+\cos^2 \theta=1$

수능 유형

좌표평면에서 중심이 원점 O이고 반지름의 길이가 r인 원 위의 점 $P(a, \sqrt{16-a^2})$에 대하여 선분 OP를 동경으로 하는 각을 θ라 할 때,

$$\left(\frac{1-\cos \theta}{\sin \theta}\right)^2=\frac{13}{19}$$

을 만족시킨다. $r+\cos \theta$의 값은?

(단, 점 P는 x축 위의 점이 아니다.)

① $\dfrac{67}{16}$　　② $\dfrac{69}{16}$　　③ $\dfrac{71}{16}$

④ $\dfrac{73}{16}$　　⑤ $\dfrac{75}{16}$

수능 感 잡기

문제 분석

원 위의 점에서의 삼각함수의 정의를 이해하고 삼각함수 사이의 관계식을 이용하여 해결하는 문제이다.

+α 개념

[수학 I] 삼각함수의 뜻과 관계 **+** **[중3]** 다항식의 인수분해

- **[중3] 다항식의 인수분해 공식**
  (1) $a^2+2ab+b^2=(a+b)^2$
  　$a^2-2ab+b^2=(a-b)^2$
  (2) $a^2-b^2=(a+b)(a-b)$
  (3) $x^2+(a+b)x+ab=(x+a)(x+b)$
  (4) $acx^2+(ad+bc)x+bd=(ax+b)(cx+d)$

풀이

해결전략 ① 원 위의 점 $P(a, \sqrt{16-a^2})$을 이용하여 원의 반지름의 길이 구하기

$\overline{\mathrm{OP}} = \sqrt{a^2 + (\sqrt{16-a^2})^2} = 4$이므로

$r = 4$

해결전략 ② 조건의 식 $\left(\dfrac{1-\cos\theta}{\sin\theta}\right)^2$을 간단히 정리하기

$\dfrac{(1-\cos\theta)^2}{\sin^2\theta}$

$= \dfrac{(1-\cos\theta)^2}{1-\cos^2\theta}$

$= \dfrac{(1-\cos\theta)^2}{(1+\cos\theta)(1-\cos\theta)}$

$= \dfrac{1-\cos\theta}{1+\cos\theta}$

해결전략 ③ $\cos\theta$의 값을 구하여 $r+\cos\theta$의 값 구하기

$\left(\dfrac{1-\cos\theta}{\sin\theta}\right)^2 = \dfrac{13}{19}$에서

$\dfrac{1-\cos\theta}{1+\cos\theta} = \dfrac{13}{19}$이므로

$13(1+\cos\theta) = 19(1-\cos\theta)$, 즉

$32\cos\theta = 6$

$\cos\theta = \dfrac{3}{16}$

따라서

$r + \cos\theta = 4 + \dfrac{3}{16} = \dfrac{67}{16}$

답 ①

$\sin\theta + \cos\theta < 0$, $\sin\theta\cos\theta > 0$일 때,

$$\sqrt{\tan^2\theta}\,|\cos\theta - 1| - \dfrac{\sin\theta}{\cos\theta} = \dfrac{1}{3}$$

을 만족시키는 θ에 대하여 $\tan\theta$의 값은?

① $\dfrac{1}{8}$ ② $\dfrac{\sqrt{2}}{4}$ ③ $\dfrac{\sqrt{3}}{4}$

④ $\dfrac{1}{2}$ ⑤ $\dfrac{\sqrt{5}}{4}$

문항 속 개념

[수학 I]
삼각함수의
뜻과 관계

+

[중1]
절댓값의
성질

수능感쌤의 수능 대비 한 마디!!

삼각함수의 정의와 삼각함수 사이의 관계를 이용하는 문제는 첫째, 동경이 중심이 원점인 원과 만나는 점 P의 좌표의 특징을 찾아내야 합니다. 둘째, 주어진 관계식을 어떤 삼각함수 사이의 관계식을 이용하여 간단히 나타낼 것인지를 결정해야 합니다. 결국은 어떤 삼각함수 사이의 관계식을 이용해야 문제가 간단히 풀리는지에 대한 연습을 많이 해야 합니다.

07-1

● 9542-0032

그림과 같이 중심이 원점 O인 원 위의 점 $P(-2, a)$가 있다. 동경 OP가 나타내는 각 θ가

$$\sin^2\theta - 4\sin\theta\cos\theta + 4\cos^2\theta = 4$$

를 만족시킨다. $12a$의 값을 구하시오. (단, $a>0$)

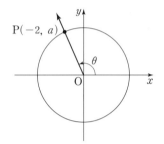

07-2

● 9542-0033

그림과 같이 반지름의 길이가 1이고 중심이 원점 O인 원 위의 두 점을 A, B라 하고, 점 A를 지나고 선분 OA에 수직인 직선과 직선 OB가 만나는 점을 C라 할 때, 선분 OA 위의 점 D가 다음 조건을 만족시킨다.

(가) $\overline{OA} \perp \overline{BD}$

(나) $\overline{BD} + \dfrac{1}{\overline{OC}} = \dfrac{4}{3}$

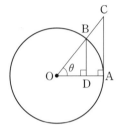

$\angle AOB = \theta$라 할 때, $\dfrac{6\sin^2\theta}{\sin\theta - \cos\theta} + \dfrac{6\cos\theta}{1 - \tan\theta}$의 값은?

① $4\sqrt{3}$ ② $4\sqrt{3}+1$ ③ 8

④ $8\sqrt{3}-5$ ⑤ $8\sqrt{3}-3$

07-3

⊙ 9542-0034

$\log_2 \sin^2 \theta + \log_4 \cos^4 \theta = \log_2 \dfrac{1}{16}$이 성립할 때,

$\sin \theta + \cos \theta$의 값은? $\left(\text{단}, \ 0 < \theta < \dfrac{\pi}{2}\right)$

① $\dfrac{\sqrt{2}}{2}$　　　② $\dfrac{\sqrt{3}}{2}$　　　③ 1

④ $\dfrac{\sqrt{5}}{2}$　　　⑤ $\dfrac{\sqrt{6}}{2}$

07-4

⊙ 9542-0035

그림과 같이 좌표평면에서 중심이 원점 O이고 반지름의 길이가 1인 원 위의 점 $\mathrm{P}(a, b)$를 잇는 반직선 OP를 동경으로 하는 각 θ에 대하여

$$\frac{\cos \theta \sin^2 \theta}{a^2 - \cos \theta} + \frac{(\cos \theta + \cos^2 \theta)(1 - \cos \theta)}{a^2 + \cos \theta} = -\frac{1}{2}$$

을 만족시킬 때, $\tan \theta$의 값은? $\left(\text{단}, \ 0 < \theta < \dfrac{\pi}{2}\right)$

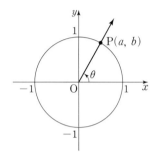

① $\dfrac{2\sqrt{15}}{5}$　　　② $\dfrac{3\sqrt{15}}{5}$　　　③ $\dfrac{4\sqrt{15}}{5}$

④ $\sqrt{15}$　　　⑤ $\dfrac{6\sqrt{15}}{5}$

08 삼각함수의 그래프

그림은 $y=a \sin (bx-c\pi)$의 그래프이다. 세 양수 a, b, c에 대하여 $6(a+b+c)$의 최솟값을 구하시오.

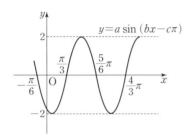

풀이

그래프에서 $-2 \leq y \leq 2$이므로 $a=2$

주기는 $\dfrac{4}{3}\pi - \dfrac{\pi}{3} = \pi$이므로 $\dfrac{2\pi}{b} = \pi$에서 $b=2$

그러므로 $y=2 \sin (2x-c\pi) = 2 \sin 2\left(x-\dfrac{c}{2}\pi\right)$에서

함수 $y=2 \sin 2\left(x-\dfrac{c}{2}\pi\right)$의 그래프는 $y=2 \sin 2x$의 그래프를 x축의 방향으로 $\dfrac{c}{2}\pi$만큼 평행이동한 그래프이다.

그런데 주어진 그래프는 함수 $y=2 \sin 2x$의 그래프를 x축의 방향으로 $\dfrac{\pi}{3}$만큼 평행이동한 그래프이므로 양수 c의 최솟값은

$\dfrac{c}{2}\pi = \dfrac{\pi}{3}$에서 $c=\dfrac{2}{3}$

따라서 $a+b+c$의 최솟값은 $2+2+\dfrac{2}{3} = \dfrac{14}{3}$이므로

$6(a+b+c)$의 최솟값은 $6 \times \dfrac{14}{3} = 28$이다.

답 28

개념 必 잡기

- 함수 $y=a \sin bx$, $y=a \cos bx$ $(a>0)$의 그래프
  (1) 정의역은 실수 전체의 집합이다.
  (2) 치역은 $\{y|-a \leq y \leq a\}$이다.
  (3) 주기는 $\dfrac{2\pi}{|b|}$이고 함수 $y=a \sin bx$의 그래프는 원점에 대하여 대칭이고 함수 $y=a \cos bx$의 그래프는 y축에 대하여 대칭이다.
- 함수 $y=a \sin b(x-c)+d$의 그래프는 $y=a \sin bx$의 그래프를 x축의 방향으로 c만큼, y축의 방향으로 d만큼 평행이동한 그래프이다.

그림과 같이 그래프가 점 $\left(\dfrac{\pi}{2},\ 1\right)$에 대하여 대칭인 함수

$y=2 \sin \left(bx-\dfrac{b\pi}{2}\right)+a$의 최댓값과 최솟값이 각각 c와 -1일 때, 세 양수 a, b, c에 대하여 $20abc$의 값을 구하시오.

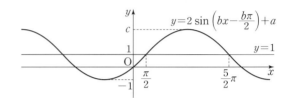

수능 感 잡기

문제 분석

주어진 그래프를 분석하여 삼각함수의 그래프의 주기, 최댓값과 최솟값, 평행이동을 응용하는 문제이다.

+α 개념

[수학 I]
삼각함수의 그래프
+
[수학]
도형의 이동

- [수학] 도형의 평행이동

  방정식 $f(x, y)=0$이 나타내는 도형을
  (1) x축의 방향으로 m만큼 평행이동한 도형의 방정식은
  $$f(x-m, y)=0$$
  (2) y축의 방향으로 n만큼 평행이동한 도형의 방정식은
  $$f(x, y-n)=0$$
  (3) x축의 방향으로 m만큼, y축의 방향으로 n만큼 평행이동한 도형의 방정식은
  $$f(x-m, y-n)=0$$

풀이

해결전략 ❶ 그래프의 평행이동과 점 $\left(\dfrac{\pi}{2},\ 1\right)$에 대한 대칭을 이용하여 a의 값 구하기

함수 $y=2\sin\left(bx-\dfrac{b\pi}{2}\right)+a$, 즉 $y=2\sin b\left(x-\dfrac{\pi}{2}\right)+a$의 그래프는 $y=2\sin bx$의 그래프를 x축의 방향으로 $\dfrac{\pi}{2}$만큼, y축의 방향으로 a만큼 평행이동한 그래프이고, 점 $\left(\dfrac{\pi}{2},\ 1\right)$에 대하여 대칭이므로

$a=1$

해결전략 ❷ 주어진 함수의 주기를 이용하여 b의 값 구하기

$\dfrac{5}{2}\pi-\dfrac{\pi}{2}=2\pi$가 주기의 $\dfrac{1}{2}$이므로

함수 $y=2\sin b\left(x-\dfrac{\pi}{2}\right)+1$의 주기는 4π이다.

즉, $\dfrac{2\pi}{b}=4\pi$에서 $b=\dfrac{1}{2}$

해결전략 ❸ 주어진 함수의 최댓값과 최솟값을 이용하여 c의 값을 구한 후, $20abc$의 값 구하기

$-1\le\sin\dfrac{1}{2}\left(x-\dfrac{\pi}{2}\right)\le1$에서

$-1\le 2\sin\dfrac{1}{2}\left(x-\dfrac{\pi}{2}\right)+1\le3$이므로 $c=3$

따라서

$20abc=20\times1\times\dfrac{1}{2}\times3=30$

답 30

수능感 쌤의 수능 대비 한 마디!!

삼각함수의 주기, 최댓값과 최솟값, 평행이동을 응용한 문제에서는 구해야 하는 것이 삼각함수의 그래프의 어떤 요소에 해당하는지를 정확히 이해해야 합니다.
당연히 그래프를 나타내는 식과 그 그래프의 특징을 비교하여 연습해 두는 것은 필수입니다.

함수 $f(x)=\sin\dfrac{\pi}{3}x$에 대하여 함수 $y=f(x)$의 그래프가 그림과 같다. $0<a<1$이고 $f(\alpha)=f(\beta)=a$, $f(\gamma)=f(\delta)=-a$, $\alpha+\beta+\gamma+\delta=k$일 때, 함수 $g(x)=\sin kx$의 주기는? (단, k는 상수이다.)

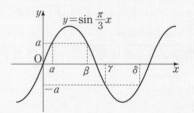

① $\dfrac{\pi}{6}$ ② $\dfrac{\pi}{4}$ ③ $\dfrac{\pi}{2}$

④ 2   ⑤ 3

문항 속 개념

08-1

⊙ 9542-0037

함수 $f(x)=a \sin bx+c$가 다음 조건을 만족시킨다.

> (가) 함수 $y=f(x)$의 그래프는 x축에 접하고 최댓값과 최솟값의 합은 4이다.
> (나) 함수 $y=f(x)$의 그래프와 함수
> $y=a \sin b\left(x-\dfrac{\pi}{2}\right)+c$의 그래프가 일치한다.

세 양수 a, b, c에 대하여 $a+b+c$의 최솟값은?

① 5　　　　② 6　　　　③ 7

④ 8　　　　⑤ 9

08-2

⊙ 9542-0038

두 함수 $f(x)=3 \sin \dfrac{\pi}{2}x$, $g(x)=3 \cos \dfrac{\pi}{2}x+1$에 대하여 〈보기〉에서 옳은 것만을 있는 대로 고른 것은?

> ┤ 보기 ├
> ㄱ. $-3 \leq f(x) \leq 3$
> ㄴ. $f(2018)+g(2017)=3$
> ㄷ. 모든 실수 x에 대하여 $f(x+1)=g(x)-1$이다.

① ㄱ　　　② ㄴ　　　③ ㄱ, ㄷ
④ ㄴ, ㄷ　　⑤ ㄱ, ㄴ, ㄷ

08-3

○ 9542-0039

$0 \leq \theta \leq \pi$일 때,

$$f(\theta) = \left\{ 1 + 2\sin^2\left(\frac{\pi}{2} + \theta\right) \right\} \sin^2(\pi - \theta)$$

에 대하여 $f(\theta)$의 최댓값은?

① $\dfrac{3}{8}$
② $\dfrac{5}{8}$
③ $\dfrac{7}{8}$

④ $\dfrac{9}{8}$
⑤ $\dfrac{11}{8}$

08-4

○ 9542-0040

하루 중 해수면의 높이가 가장 높아졌을 때를 만조, 가장 낮아졌을 때를 간조라 하고, 만조와 간조 때의 해수면 높이의 차를 조차라 한다. 어느 날 두 지점 A, B에서 시각 x(시)와 해수면의 높이 y(m) 사이에는 다음과 같은 식이 각각 성립한다고 한다.

$$y = a\cos b\pi\left(x - \frac{9}{2}\right) + 3.5 \ (0 \leq x < 24)$$

$$y = a\cos b\pi\left(x - \frac{9}{2} + c\right) + 3.5 \ (0 \leq x < 24)$$

이 날 두 지점 A, B의 조차가 10 m로 같고, 만조와 간조 시각만 다음 표와 같이 다르다.

A지점	시각	B지점	시각
만조	04시 30분 17시 00분	만조	04시 20분 16시 50분
간조	10시 45분 23시 15분	간조	10시 35분 23시 05분

$a + 50b + 30c$의 값은? (단, $a > 0$, $b > 0$, $0 < c < 6$)

① 12
② 14
③ 16

④ 18
⑤ 20

09 삼각함수를 포함한 방정식과 부등식

내신 유형

$0 \leq x < 2\pi$일 때, 방정식 $2\sin x = a$의 한 근은 $\frac{\pi}{6}$이고 다른 한 근은 $b\pi$이다. $a+b$의 값은?

① $\frac{7}{6}$ ② $\frac{3}{2}$ ③ $\frac{11}{6}$

④ $\frac{13}{6}$ ⑤ $\frac{5}{2}$

풀이

한 근이 $\frac{\pi}{6}$이므로 주어진 방정식에 대입하면

$2\sin\frac{\pi}{6} = a$, $a = 2 \times \frac{1}{2} = 1$

즉, $\sin x = \frac{1}{2}$이다.

이 방정식의 근은 함수 $y = \sin x$의 그래프와 직선 $y = \frac{1}{2}$이 만나는 점의 x좌표이다.

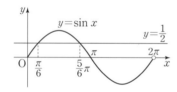

따라서 방정식의 다른 한 근은 $\frac{5}{6}\pi$이므로 $b = \frac{5}{6}$

$a+b = 1 + \frac{5}{6} = \frac{11}{6}$

 ③

수능 유형

$0 \leq x < 2\pi$일 때, $2\sin^2 x - \cos x - 1 = 0$을 만족시키는 모든 근의 합은?

① $\frac{5}{3}\pi$ ② 2π ③ $\frac{7}{3}\pi$

④ $\frac{8}{3}\pi$ ⑤ 3π

개념 必 잡기

- **삼각함수를 포함한 방정식의 풀이**

  방정식 $\sin x = k$의 근은 함수 $y = \sin x$의 그래프와 직선 $y = k$의 교점의 x좌표이다.

  마찬가지로 방정식 $\cos x = k$, $\tan x = k$도 위와 같은 방법으로 푼다.

- **삼각함수를 포함한 부등식의 풀이**

  부등식 $\sin x > k$의 해는 함수 $y = \sin x$의 그래프가 직선 $y = k$보다 위쪽에 있는 x의 값의 범위이다.

  마찬가지로 부등식 $\cos x > k$, $\tan x > k$도 위와 같은 방법으로 푼다.

수능 感 잡기

문제 분석

삼각함수가 포함된 방정식을 삼각함수 사이의 관계와 이차방정식을 이용하여 푼다.

+α 개념

| [수학 I] 삼각함수가 포함된 방정식 | + | [수학] 이차방정식 |

- **[수학] 이차방정식의 풀이**

  이차방정식의 근은 인수분해 또는 근의 공식을 이용하여 구한다.

풀이

해결전략 ① $\cos^2 x + \sin^2 x = 1$을 이용하여 식을 변형한다.

$2\sin^2 x - \cos x - 1 = 0$에서

$2(1-\cos^2 x) - \cos x - 1 = 0$

$2\cos^2 x + \cos x - 1 = 0$

해결전략 ② $\cos x = t$로 치환하여 이차방정식을 푼다.

$\cos x = t$로 놓으면 주어진 식은

$2t^2 + t - 1 = 0$

$(2t-1)(t+1) = 0$

$t = \dfrac{1}{2}$ 또는 $t = -1$

즉, $\cos x = \dfrac{1}{2}$ 또는 $\cos x = -1$

해결전략 ③ 삼각함수의 그래프를 이용하여 근을 구한다.

이때 이 방정식의 근은 함수 $y = \cos x$의 그래프와

직선 $y = \dfrac{1}{2}$ 또는 $y = -1$이 만나는 점의 x좌표이다.

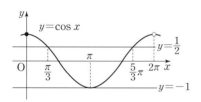

따라서 방정식의 근은 $\dfrac{\pi}{3}$, π, $\dfrac{5}{3}\pi$이므로 모든 근의 합은 3π이다.

 ⑤

수능 대비 한 마디!!

삼각함수를 포함한 방정식 또는 부등식은 삼각함수 사이의 관계, 이차방정식, 이차부등식 등과 연계하여 자주 출제됩니다. 이때 삼각함수 사이의 관계 등을 이용하여 한 종류의 삼각함수로 나타내어 풀도록 해야 합니다.

수능 유형 체크　　　　　　　　○ 9542-0041

$0 \le x < 2\pi$이고 $\cos x \ne 0$일 때, 부등식

$(\tan x)(\tan x + \cos x) - \sin x < 3$의 해는 $0 \le x < a$,

$\dfrac{2}{3}\pi < x < b$, $c < x - 2\pi$이다. $a+b+c$의 값은?

① 3π　　　　② $\dfrac{10}{3}\pi$　　　　③ $\dfrac{11}{3}\pi$

④ 4π　　　　⑤ $\dfrac{13}{3}\pi$

문항 속 개념 ⋯⋯⋯⋯⋯⋯⋯⋯⋯⋯⋯⋯⋯⋯⋯⋯⋯⋯⋯

> **[수학 I]**
> 삼각함수를
> 포함한 부등식
>
> **+**
>
> **[수학]**
> 이차부등식

09-1

● 9542-0042

$0 \leq x < 2\pi$에서 부등식 $\sin x + \cos\left(\dfrac{\pi}{2} - x\right) < 1$의 해가 $0 \leq x < a$ 또는 $b < x < c$일 때, $a+b+c$의 값은?

① 2π
② $\dfrac{7}{3}\pi$
③ $\dfrac{8}{3}\pi$

④ 3π
⑤ $\dfrac{10}{3}\pi$

09-2

● 9542-0043

$0 < \theta < 2\pi$에서 x에 대한 이차방정식
$$x^2 + 4(\cos \theta)x + 2\sin \theta + 4 = 0$$
이 실근을 갖도록 하는 θ의 값의 범위가 $a \leq \theta \leq b$ 또는 $c \leq \theta < 2\pi$일 때, $a+b+c$의 값은?

① 3π
② $\dfrac{10}{3}\pi$
③ $\dfrac{11}{3}\pi$

④ 4π
⑤ $\dfrac{13}{3}\pi$

09-3

○ 9542-0044

$0 \leq x \leq 2\pi$일 때, 등식
$$(3\cos x - 1)(4\cos x - 3) = 0$$
을 만족시키는 모든 x의 값의 합은?

① 3π

② $\dfrac{7}{2}\pi$

③ 4π

④ $\dfrac{9}{2}\pi$

⑤ 5π

09-4

○ 9542-0045

$0 < \theta < 2\pi$에서 각 θ가 나타내는 동경과 원 $x^2 + y^2 = 1$ 이 만나는 점을 P라 하자. 점 P에서 x축에 내린 수선의 발을 H라 하고, 중심이 원점 O이고 반지름의 길이가 선분 OH인 원이 선분 OP와 만나는 점을 Q라 하자. 점 P의 y좌표를 a, 점 Q의 x좌표를 b라 할 때, $5a + 4 = 2|b|$를 만족시키는 θ의 값을 각각 $\alpha, \beta \, (\alpha < \beta)$ 라 하면 $\beta - \alpha = \dfrac{q}{p}\pi$이다. $p + q$의 값을 구하시오. (단, p와 q는 서로소인 자연수이다.)

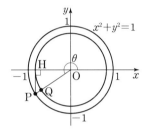

10 사인법칙과 코사인법칙

내신 유형

삼각형 ABC에서 $\angle B + \angle C = \frac{5}{6}\pi$이고 $\overline{AB} = 2$, $\overline{AC} = \sqrt{3}$일 때, 선분 BC의 길이는?

① 1   ② $\sqrt{2}$ ③ $\sqrt{3}$

④ 2   ⑤ $\sqrt{5}$

풀이

$\angle B + \angle C = \frac{5}{6}\pi$이므로

$\angle A = \pi - (\angle B + \angle C)$

$\qquad = \pi - \frac{5}{6}\pi$

$\qquad = \frac{\pi}{6}$

코사인법칙에 의하여

$\overline{BC}^2 = \overline{AB}^2 + \overline{AC}^2 - 2\overline{AB} \times \overline{AC} \times \cos\frac{\pi}{6}$

$\qquad = 2^2 + (\sqrt{3})^2 - 2 \times 2 \times \sqrt{3} \times \frac{\sqrt{3}}{2}$

$\qquad = 1$

따라서

$\overline{BC} = 1$

답 ①

개념 잡기

- **사인법칙**

  삼각형 ABC의 외접원의 반지름의 길이를 R라 하면

  $$\frac{a}{\sin A} = \frac{b}{\sin B} = \frac{c}{\sin C} = 2R$$

- **코사인법칙**

  삼각형 ABC에서

  $$a^2 = b^2 + c^2 - 2bc\cos A$$

- **삼각형의 넓이**

  삼각형 ABC의 넓이 S는

  $$S = \frac{1}{2} \times a \times b \times \sin C$$

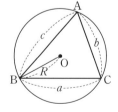

수능 유형

그림과 같이 좌표평면에서 두 점 $A(0, 1)$, $B(\sqrt{3}, 3)$에 대하여 점 C가 $\overline{AC} = 2$, $\overline{BC} = 3$을 만족시킨다. $\overline{BC}$ 위에 점 D를 $\overline{CA} = \overline{CD}$가 되도록 잡을 때, 삼각형 ADC의 넓이는? (단, 점 C는 제2사분면 위에 있다.)

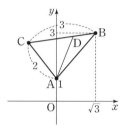

① $\sqrt{2}$ ② $\sqrt{3}$ ③ 2

④ $\sqrt{5}$ ⑤ $\sqrt{6}$

수능 感 잡기

문제 분석

세 변의 길이가 주어진 경우 코사인법칙을 이용하여 한 각의 크기를 구하는 문제이다.

+α 개념

[수학 I] 코사인법칙	+	[수학] 도형의 방정식

- **[수학] 도형의 방정식**

  좌표평면 위의 두 점 $A(x_1, y_1)$, $B(x_2, y_2)$ 사이의 거리는

  $$\overline{AB} = \sqrt{(x_2 - x_1)^2 + (y_2 - y_1)^2}$$

풀이

해결전략 ① 두 점 A, B 사이의 거리를 이용하여 선분 AB의 길이를 구한다.

A$(0, 1)$, B$(\sqrt{3}, 3)$이므로

$$\overline{AB} = \sqrt{(\sqrt{3}-0)^2 + (3-1)^2} = \sqrt{7}$$

해결전략 ② 코사인법칙을 이용하여 ∠C의 크기를 구한다.

삼각형 ABC에서 코사인법칙으로부터

$$\cos C = \frac{\overline{CA}^2 + \overline{CB}^2 - \overline{AB}^2}{2 \times \overline{CA} \times \overline{CB}}$$

$$= \frac{2^2 + 3^2 - (\sqrt{7})^2}{2 \times 2 \times 3}$$

$$= \frac{1}{2}$$

따라서 $C = \dfrac{\pi}{3}$이다.

해결전략 ③ 삼각형의 넓이를 구한다.

따라서

$$S = \frac{1}{2} \times \overline{CA} \times \overline{CD} \times \sin \frac{\pi}{3}$$

$$= \frac{1}{2} \times 2 \times 2 \times \frac{\sqrt{3}}{2}$$

$$= \sqrt{3}$$

답 ②

 수능 대비 한 마디!!

기하에 관련된 문제가 대수적으로 주어진 경우, 우선 기하를 이용하여 문제를 이해하는 것이 중요합니다.
기하와 대수를 모두 적용하여 풀 수 있지만 기하를 이용하면 계산 등의 수고를 덜 수 있습니다.

수능 유형 체크

○ 9542-0046

좌표평면의 두 점 A$(1, 2)$, B$(3, 4)$에 대하여 $\cos \angle AOB$의 값은? (단, O는 원점이다.)

① $\dfrac{7\sqrt{5}}{25}$　　② $\dfrac{8\sqrt{5}}{25}$　　③ $\dfrac{9\sqrt{5}}{25}$

④ $\dfrac{2\sqrt{5}}{5}$　　⑤ $\dfrac{11\sqrt{5}}{25}$

문항 속 개념

[수학 I]
코사인법칙

+

[수학]
도형의 방정식

10-1

⊙ 9542-0047

좌표평면에서 $\angle A = \dfrac{\pi}{6}$인 삼각형 ABC의 외접원의 방정식이 $x^2 + 2x + y^2 - 4y = 7$일 때, 선분 BC의 길이는?

① 3   ② $\sqrt{10}$ ③ $\sqrt{11}$

④ $2\sqrt{3}$ ⑤ $\sqrt{13}$

10-2

⊙ 9542-0048

$\overline{AB}=5$, $\overline{CA}=3$이고 $\angle BCA = \dfrac{\pi}{2}$인 직각삼각형 ABC가 있다. 두 선분 AB, BC 위에 $\overline{BD}=2$, $\overline{EC}=1$을 만족시키는 점 D, E를 각각 잡을 때, 선분 DE의 길이는?

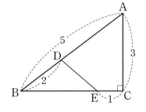

① $\dfrac{\sqrt{85}}{5}$ ② $\dfrac{\sqrt{86}}{5}$ ③ $\dfrac{\sqrt{87}}{5}$

④ $\dfrac{2\sqrt{22}}{5}$ ⑤ $\dfrac{\sqrt{89}}{5}$

10-3

🔿 9542-0049

$\overline{AB}=3$, $\overline{BC}=4$, $\overline{CA}=2$인 삼각형 ABC가 있다. 선분 AB를 지름으로 하는 원이 선분 BC와 만나는 점을 D라 할 때, 선분 BD의 길이는?

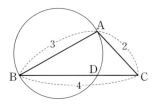

① $\dfrac{5}{2}$　　② $\dfrac{21}{8}$　　③ $\dfrac{11}{4}$

④ $\dfrac{3}{2}$　　⑤ $\dfrac{13}{8}$

10-4

🔿 9542-0050

좌표평면에 $\overline{AB}=3$, $\overline{CA}=2$이고 $\angle CAB < \dfrac{\pi}{2}$인 삼각형 ABC의 넓이가 $\dfrac{3\sqrt{3}}{2}$이다. 삼각형 ABC의 외접원이 x축과 y축에 모두 접할 때, 이 외접원의 중심의 좌표는 (a, b)이다. ab의 값은?

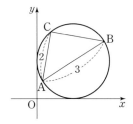

① 1　　② $\dfrac{4}{3}$　　③ $\dfrac{5}{3}$

④ 2　　⑤ $\dfrac{7}{3}$

11 등차수열의 일반항과 합

내신 유형

등차수열 $\{a_n\}$에서 $a_3=7$, $a_5=13$일 때,

$$a_1+a_3+a_5+\cdots+a_{19}$$

의 값은?

① 275　　　　② 280　　　　③ 285

④ 290　　　　⑤ 295

풀이

등차수열 $\{a_n\}$의 첫째항을 a, 공차를 d라 하자.

$a_3=7$, $a_5=13$에서

$a+2d=7$, $a+4d=13$

위의 두 식을 연립하여 풀면

$a=1$, $d=3$

따라서

$a_n=1+(n-1)\times3=3n-2$

이므로

$b_n=a_{2n-1}(n=1, 2, 3, \cdots)$로 놓으면

$b_n=3(2n-1)-2=6n-5$

이때 $a_1+a_3+a_5+\cdots+a_{19}$의 값은 등차수열 $\{b_n\}$의 첫째항부터 제10항까지의 합과 같으므로

$$\frac{10\times(1+55)}{2}=280$$

답 ②

개념 必 잡기

- **등차수열의 일반항**

  첫째항이 a, 공차가 d인 등차수열 $\{a_n\}$의 일반항은
  $$a_n=a+(n-1)d$$

- **등차중항의 성질**

  세 수 a, b, c가 이 순서대로 등차수열을 이룰 때, $2b=a+c$가 성립한다.

- **등차수열의 합**

  등차수열 $\{a_n\}$의 첫째항부터 제n항까지의 합을 S_n이라 하면

  (1) 첫째항이 a, 공차가 d일 때
  $$S_n=\frac{n\{2a+(n-1)d\}}{2}$$

  (2) 첫째항이 a, 제n항이 l일 때
  $$S_n=\frac{n(a+l)}{2}$$

수능 유형

등차수열 $\{a_n\}$이 다음 조건을 만족시킨다.

> (가) $a_2+a_4=3a_1-2$
>
> (나) $a_1+a_3+a_5+a_7+a_9=3(a_2+a_8)$

등차수열 $\{a_n\}$의 첫째항부터 제10항까지의 합은?

① $-\dfrac{5}{4}$　　　② -1　　　③ $-\dfrac{3}{4}$

④ $-\dfrac{1}{2}$　　　⑤ $-\dfrac{1}{4}$

수능 感 잡기

문제 분석

등차수열의 일반항을 이용하여 첫째항과 공차를 구한 후 등차수열의 합을 구하는 문제이다.

+α 개념

| [수학 I] 등차수열 | ＋ | [중2] 연립방정식 |

- **[중2] 연립방정식의 풀이**

  ① 가감법 : 두 일차방정식을 변끼리 더하거나 빼어서 한 미지수를 소거하여 연립방정식의 해를 구하는 방법을 가감법이라 한다.

  ② 대입법 : 연립방정식의 한 일차방정식을 어느 한 미지수에 관하여 풀고, 그것을 다른 한 일차방정식의 미지수에 대입하여 연립방정식의 해를 구하는 방법을 대입법이라 한다.

풀이

해결전략 ❶   주어진 조건을 첫째항과 공차에 대한 식으로 나타내기

등차수열 $\{a_n\}$의 첫째항과 공차를 각각 a, d라 하자.

주어진 조건을 a와 d에 대한 식으로 나타내면

$a_2+a_4=3a_1-2$에서

$2a+4d=3a-2$, 즉 $a-4d=2$ $\qquad$ …… ㉠

$a_1+a_3+a_5+a_7+a_9=3(a_2+a_8)$에서

$5a+20d=6a+24d$, 즉 $a+4d=0$ $\qquad$ …… ㉡

해결전략 ❷   첫째항과 공차 구하기

㉠, ㉡을 같은 변끼리 더하면

$2a=2$, 즉 $a=1$

이것을 ㉠에 대입하면

$1-4d=2$, 즉 $d=-\dfrac{1}{4}$

해결전략 ❸   등차수열의 합 구하기

$a_{10}=1+(10-1)\times\left(-\dfrac{1}{4}\right)$

$\qquad=1-\dfrac{9}{4}=-\dfrac{5}{4}$

이므로 구하는 합은

$\dfrac{10(a_1+a_{10})}{2}=\dfrac{10\left(1-\dfrac{5}{4}\right)}{2}=-\dfrac{5}{4}$

답 ①

◐ 9542-0051

수능 유형 체크

등차수열 $\{a_n\}$에 대하여

$$a_1+a_3=-14, \quad a_8+a_{10}=28$$

일 때, $|a_1|+|a_2|+|a_3|+\cdots+|a_{10}|$의 값을 구하시오.

문항 속 개념

| [수학 I]
등차수열 | **+** | [중2]
연립방정식 |

수능感 쌤의   수능 대비 한 마디!!

미지수가 2개인 일차연립방정식을 풀기 위해서는 중학교에서 배운 가감법 또는 대입법 등을 활용하면 됩니다. 미지수가 2개인 연립일차방정식을 푸는 방법 외에 등차중항의 성질을 이용하거나 등차수열의 정의를 이용하여 해결하면 더 간단한 경우도 많으므로 주어진 조건을 다양한 방법으로 풀어 보는 연습을 충분히 하도록 합니다.

11-1

◎ 9542-0052

2 이상의 자연수 n에 대하여 1과 $5n+6$ 사이에 n개의 수를 넣어 만든 등차수열

$$1, a_1, a_2, \cdots, a_n, 5n+6$$

의 모든 항의 합이 112일 때, a_n+n의 값은?

① 30 　　　② 31 　　　③ 32

④ 33 　　　⑤ 34

11-2

◎ 9542-0053

등차수열 $\{a_n\}$이 다음 조건을 만족시킨다.

(가) $a_1+a_2=3$
(나) $a_{103}+a_{105}+a_{107}=a_{104}+a_{106}+a_{108}+3$

이때 등차수열 $\{a_n\}$의 첫째항부터 제10항까지의 합은?

① -25 　　　② -23 　　　③ -21

④ -19 　　　⑤ -17

11-3

○ 9542-0054

수열 $\{a_n\}$의 첫째항부터 제n항까지의 합 S_n이

$$S_n = (2n+1)^2 - 1$$

일 때, $a_1 + a_{10}$의 값은?

① 88　　　　② 89　　　　③ 90

④ 91　　　　⑤ 92

11-4

○ 9542-0055

공차가 각각 1, d인 두 등차수열 $\{a_n\}$, $\{b_n\}$의 첫째항부터 제n항까지의 합을 각각 S_n, T_n이라 할 때, 모든 자연수 n에 대하여

$$S_n \times T_n = 4n^4 - 4n^2$$

이 성립한다. $a_{10} = 10$일 때, b_{10}의 값은?

① 142　　　　② 143　　　　③ 144

④ 145　　　　⑤ 146

12 등비수열의 일반항과 합

모든 항이 0이 아닌 등비수열 $\{a_n\}$에 대하여

$$a_3=\frac{4}{3},\ \frac{a_{100}}{a_{98}}=3(a_3-a_1)$$

일 때, a_9의 값은?

① 10
② $\dfrac{31}{3}$
③ $\dfrac{32}{3}$

④ 11
⑤ $\dfrac{34}{3}$

풀이

등비수열 $\{a_n\}$의 첫째항을 a, 공비를 r라 하자.

$a_3=ar^2=\dfrac{4}{3}$에서 $a=\dfrac{4}{3r^2}$ ····· ㉠

$\dfrac{a_{100}}{a_{98}}=3(a_3-a_1)=3(ar^2-a)$에서

$r^2=3a(r^2-1)$ ····· ㉡

㉠을 ㉡에 대입하면 $r^2=\dfrac{4}{r^2}(r^2-1)$, 즉 $r^4-4r^2+4=0$

$r^2=X\ (X>0)$로 놓으면

$X^2-4X+4=0,\ (X-2)^2=0$

따라서 $X=r^2=2$이므로 ㉠에서

$a=\dfrac{4}{3\times2}=\dfrac{2}{3}$

따라서 $a_9=ar^8=a(r^2)^4=\dfrac{2}{3}\times2^4=\dfrac{32}{3}$

 ③

개념 必 잡기

- **등비수열의 일반항**
  첫째항이 a, 공비가 r인 등비수열 $\{a_n\}$의 일반항은
  $$a_n=ar^{n-1}$$
- **등비중항의 성질**
  세 수 a, b, c가 이 순서대로 등비수열을 이룰 때, $b^2=ac$가 성립한다.
- **등비수열의 합**
  첫째항이 a, 공비가 r인 등비수열의 첫째항부터 제n항까지의 합을 S_n이라 하면
  (1) $r\neq1$일 때, $S_n=\dfrac{a(1-r^n)}{1-r}=\dfrac{a(r^n-1)}{r-1}$
  (2) $r=1$일 때, $S_n=na$

공비가 양수인 등비수열 $\{a_n\}$의 첫째항부터 제n항까지의 합 S_n에 대하여

$$S_9-S_8=64,\ S_{11}-S_{10}=128$$

일 때, a_4의 값은?

① 8
② $8\sqrt{2}$
③ 16

④ $16\sqrt{2}$
⑤ 32

수능 感 잡기

문제 분석
등비수열의 일반항 구하는 공식을 이용하여 첫째항과 공비를 구한 후 항의 값을 구하는 문제이다.

+α 개념

| **[수학 I]** 등비수열 | **+** | **[중1]** 등식의 성질 | **+** | **[중2]** 지수법칙 |

- **[중1] 등식의 성질**
  $a=b$이고 $c\neq0$일 때, $ac=bc$, $\dfrac{a}{c}=\dfrac{b}{c}$
- **[중2] 지수법칙**
  $a\neq0$이고 m, n이 자연수일 때
  (1) $a^m\times a^n=a^{m+n}$
  (2) $(a^m)^n=a^{mn}$
  (3) $(ab)^n=a^nb^n$
  (4) $a^m\div a^n=\begin{cases}a^{m-n} & (m>n)\\ 1 & (m=n)\\ \dfrac{1}{a^{n-m}} & (m<n)\end{cases}$

풀이

해결전략 ❶ 주어진 조건을 첫째항과 공비에 대한 식으로 나타내기

등비수열 $\{a_n\}$의 첫째항을 a, 공비를 r라 하자.

$n \geq 2$일 때, $a_n = S_n - S_{n-1}$이므로

$S_9 - S_8 = a_9 = ar^8 = 64$

$S_{11} - S_{10} = a_{11} = ar^{10} = 128$

해결전략 ❷ 첫째항과 공비 구하기

$\dfrac{ar^{10}}{ar^8} = \dfrac{128}{64}$

$r^2 = 2$

$r > 0$이므로

$r = \sqrt{2}$

$a = \dfrac{64}{r^8} = \dfrac{64}{(\sqrt{2})^8}$

$\quad = \dfrac{64}{16} = 4$

해결전략 ❸ a_4의 값 구하기

따라서

$a_4 = ar^3 = 4 \times (\sqrt{2})^3 = 8\sqrt{2}$

답 ②

등비수열 $\{a_n\}$의 첫째항부터 제n항까지의 합 S_n에 대하여

$\dfrac{S_6}{S_3} = 9$일 때, $\dfrac{a_4}{a_2}$의 값은?

① 1　　　　② 2　　　　③ 3

④ 4　　　　⑤ 5

문항 속 개념

[수학 I]
등비수열

+

[수학]
여러 가지
방정식

수능感 쌤의 **수능 대비 한 마디!!**

등비수열의 첫째항과 공비를 구하는 문제를 풀 때, 주어진 조건을 식으로 나타낸 후 등식의 성질이나 지수법칙을 이용하여 간단히 한 후 연립방정식을 풀면 됩니다. 등비중항의 성질을 이용하여 간단히 나타낼 수 있는 경우도 있음을 기억하도록 합니다.

12-1
○ 9542-0057

모든 항이 양수인 등비수열 $\{a_n\}$에 대하여

$$\frac{a_{10}}{a_6}=81,\ a_3+a_4=72$$

일 때, a_5의 값을 구하시오.

12-2
○ 9542-0058

수열 $\{a_n\}$의 첫째항부터 제n항까지의 합 S_n이

$$S_n=3\times 2^{n+1}-6$$

일 때, 부등식 $a_n<10000$을 만족시키는 자연수 n의 개수는?

① 9　　　　② 10　　　　③ 11
④ 12　　　　⑤ 13

12-3

○ 9542-0059

공비가 음수이고 $a_2=5$, $a_6=80$을 만족시키는 등비수열 $\{a_n\}$의 첫째항부터 제n항까지의 합을 S_n이라 할 때, 부등식 $S_n \geq 2000$을 만족시키는 자연수 n의 최솟값을 구하시오.

12-4

○ 9542-0060

그림과 같이 $\overline{AB} > \overline{AD}$인 직사각형 ABCD의 대각선 BD를 따라 이 직사각형을 접었을 때 생기는 도형이 다음 조건을 만족시킨다.

> (가) 세 선분 EC, CB, AB의 길이가 이 순서대로 등비수열을 이룬다.
> (나) 삼각형 EBC의 넓이는 직사각형 ABCD의 넓이의 $\dfrac{1}{6}$이다.

$\dfrac{\overline{EB}}{\overline{BD}}$의 값은?

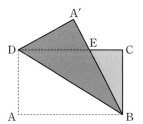

① $\dfrac{\sqrt{6}}{6}$ 　　② $\dfrac{\sqrt{5}}{5}$ 　　③ $\dfrac{1}{2}$

④ $\dfrac{\sqrt{3}}{3}$ 　　⑤ $\dfrac{\sqrt{2}}{2}$

13 합의 기호 $\sum$의 뜻과 여러 가지 수열의 합

$\sum_{k=1}^{n}(2k^2+k+1)-\sum_{k=1}^{n}(2k^2-k-1)=130$일 때, 자연수 n의 값을 구하시오.

풀이

$\sum_{k=1}^{n}(2k^2+k+1)-\sum_{k=1}^{n}(2k^2-k-1)$

$=\sum_{k=1}^{n}(2k+2)$

$=2\times\dfrac{n(n+1)}{2}+2n$

$=n^2+3n$

문제의 조건에서

$n^2+3n=130,\ n^2+3n-130=0$

$(n-10)(n+13)=0$

이때 n은 자연수이므로

$n=10$

답 10

개념 잡기

- 합의 기호 $\sum$의 성질

(1) $\sum_{k=1}^{n}(a_k+b_k)=\sum_{k=1}^{n}a_k+\sum_{k=1}^{n}b_k$

(2) $\sum_{k=1}^{n}(a_k-b_k)=\sum_{k=1}^{n}a_k-\sum_{k=1}^{n}b_k$

(3) $\sum_{k=1}^{n}ca_k=c\sum_{k=1}^{n}a_k$ (단, c는 상수)

- 자연수의 거듭제곱의 합

(1) $\sum_{k=1}^{n}k=\dfrac{n(n+1)}{2}$

(2) $\sum_{k=1}^{n}k^2=\dfrac{n(n+1)(2n+1)}{6}$

(3) $\sum_{k=1}^{n}k^3=\left\{\dfrac{n(n+1)}{2}\right\}^2$

- 분수 꼴의 수열의 합

$\sum_{k=1}^{n}\dfrac{1}{k(k+p)}=\sum_{k=1}^{n}\dfrac{1}{p}\left(\dfrac{1}{k}-\dfrac{1}{k+p}\right)$ (단, p는 0이 아닌 상수)

수열 $\{a_n\}$을

$$a_n=\sum_{k=1}^{n}(k+1)^2-\sum_{k=1}^{n}(k^2+1)$$

이라 할 때, $\sum_{k=1}^{12}\dfrac{1}{a_k}=\dfrac{q}{p}$일 때, $p+q$의 값을 구하시오.

(단, p와 q는 서로소인 자연수이다.)

수능 感 잡기

문제 분석

합의 기호 $\sum$의 성질을 이용하여 수열의 일반항을 구한 후 유리식의 성질을 이용하여 수열의 합을 구하는 문제이다.

+α 개념

- **[수학]** 하나의 분수식을 2개 이상의 분수식으로 변형하기

(1) $\dfrac{1}{AB}=\dfrac{1}{B-A}\left(\dfrac{1}{A}-\dfrac{1}{B}\right)$

(2) $\dfrac{1}{x(x+1)}=\dfrac{1}{x}-\dfrac{1}{x+1}$

(3) $\dfrac{1}{x(x+a)}=\dfrac{1}{a}\left(\dfrac{1}{x}-\dfrac{1}{x+a}\right)$

풀이

해결전략 ❶ 수열의 일반항 구하기

$$a_n = \sum_{k=1}^{n}(k+1)^2 - \sum_{k=1}^{n}(k^2+1)$$

$$= \sum_{k=1}^{n}\{(k+1)^2-(k^2+1)\}$$

$$= \sum_{k=1}^{n}2k = n(n+1)$$

해결전략 ❷ 분수 꼴의 수열의 합 구하기

$$\sum_{k=1}^{12}\frac{1}{a_k} = \sum_{k=1}^{12}\frac{1}{k(k+1)}$$

$$= \sum_{k=1}^{12}\left(\frac{1}{k}-\frac{1}{k+1}\right)$$

$$= \left\{\left(1-\frac{1}{2}\right)+\left(\frac{1}{2}-\frac{1}{3}\right)+\left(\frac{1}{3}-\frac{1}{4}\right)\right.$$

$$\left.+\cdots+\left(\frac{1}{12}-\frac{1}{13}\right)\right\}$$

$$= 1-\frac{1}{13} = \frac{12}{13}$$

따라서 $p=13$, $q=12$이므로

$p+q=25$

답 25

수능 유형 체크   ▷ 9542-0061

첫째항이 2인 수열 $\{a_n\}$의 첫째항부터 제n항까지의 합을 S_n이라 하자.

$$\sum_{k=1}^{n}\frac{a_{k+1}}{S_k S_{k+1}} = \frac{1}{n}$$

일 때, $\dfrac{1}{S_{10}}$의 값은?

① $\dfrac{1}{2}$ 　　　 ② $\dfrac{7}{16}$ 　　　 ③ $\dfrac{7}{18}$

④ $\dfrac{7}{20}$ 　　　 ⑤ $\dfrac{7}{22}$

문항 속 개념

[수학 I]
합의 기호
Σ의 성질
+
[수학]
유리식의
계산

수능 感 쌤의　수능 대비 한 마디!!

수열의 합과 관련된 문제를 해결하기 위해서는 $\sum\limits_{k=1}^{n}k$, $\sum\limits_{k=1}^{n}k^2$, $\sum\limits_{k=1}^{n}k^3$의 공식을 꼭 기억하고 있어야 합니다. 그리고 분수식의 형태로 주어진 수열의 합을 구하는 문제는 자주 출제되므로 충분히 연습하도록 합니다.

13-1

● 9542-0062

수열 $\{a_n\}$을

$$a_n = \sum_{k=1}^{n} 3k(n+1-k)$$

라 할 때, a_{10}의 값은?

① 630　　　　② 640　　　　③ 650

④ 660　　　　⑤ 670

13-2

● 9542-0063

수열 $\{a_n\}$이 다음 조건을 만족시킨다.

(가) $a_5 = 10$

(나) 모든 자연수 n에 대하여

$$\sum_{k=1}^{n} (a_{k+1} - a_k) = 2n+1$$

이다.

$\sum\limits_{k=1}^{10} a_k$의 값은?

① 108　　　　② 109　　　　③ 110

④ 111　　　　⑤ 112

13-3

⊙ 9542-0064

수열 $\{a_n\}$이 모든 자연수 n에 대하여

$$\sum_{k=1}^{n} ka_k = 2n^2 + n$$

을 만족시킬 때, $\displaystyle\sum_{k=1}^{10} \frac{1}{(a_k-4)(a_{k+1}-4)}$의 값은?

① 410 ② 420 ③ 430

④ 440 ⑤ 450

13-4

⊙ 9542-0065

첫째항이 1인 수열 $\{a_n\}$이 다음 조건을 만족시킨다.

(가) $\displaystyle\sum_{k=1}^{41} a_k = 861$

(나) 모든 자연수 n에 대하여

$$|a_{n+1}| + |a_n| = 2n + 1$$

이다.

이때 a_{10}의 값을 구하시오.

14 수열의 귀납적 정의

수열 $\{a_n\}$이

$$a_1 = 6,$$
$$a_{n+1} = \begin{cases} a_n - 2 & (a_n > 5) \\ 2a_n & (a_n \leq 5) \end{cases} \quad (n = 1, 2, 3, \cdots)$$

으로 정의될 때, $a_n \leq 4$를 만족시키는 100 이하의 자연수 n의 개수는?

① 31   ② 32   ③ 33

④ 34   ⑤ 35

풀이

수열 $\{a_n\}$의 정의에 따라 각 항을 차례로 나열하면 다음과 같다.

$\{a_n\}$: 6, 4, 8, 6, 4, 8, 6, 4, 8, $\cdots$

따라서 $a_n \leq 4$를 만족시키는 자연수 n의 값을 차례로 나열하면

2, 5, 8, 11, 14, $\cdots$

으로 첫째항이 2이고 공차가 3인 등차수열이 된다.

이 등차수열을 $\{b_n\}$이라 하면

$b_n = 2 + (n-1) \times 3 = 3n - 1$

$b_n \leq 100$, 즉 $3n - 1 \leq 100$에서

$n \leq \dfrac{101}{3} = 33.\cdots$

이므로 조건을 만족시키는 자연수 n의 개수는 33이다.

답 ③

개념 必 잡기

• **수열의 귀납적 정의**

첫째항 a_1의 값과 이웃하는 두 항 a_n, a_{n+1} 사이의 관계식으로 수열을 정의하는 것을 수열의 귀납적 정의라 한다.

• **등차수열과 등비수열의 귀납적 정의**

(1) 등차수열 : $a_1 = a$, $a_{n+1} = a_n + d$ (단, a, d는 상수)

(2) 등비수열 : $a_1 = a$, $a_{n+1} = ra_n$ (단, a, r는 상수)

첫째항이 모두 1인 두 수열 $\{a_n\}$, $\{b_n\}$이 모든 자연수 n에 대하여

$$a_{n+1} = 3a_n, \quad b_{n+1} = b_n + 1$$

을 만족시킨다. 부등식 $\dfrac{a_n}{b_n} < 100$을 만족시키는 자연수 n의 개수는?

① 6   ② 7   ③ 8

④ 9   ⑤ 10

수능 感 잡기

문제 분석

등차수열과 등비수열의 귀납적 정의를 이용하여 일반항을 구한 후 부등식을 만족시키는 자연수인 해를 구하는 문제이다.

+α 개념

[수학 I] 수열의 귀납적 정의 **+** [중2] 부등식의 성질

• **[중2] 부등식의 성질**

(1) $c > 0$일 때, $a < b \iff ac < bc$, $\dfrac{a}{c} < \dfrac{b}{c}$

(2) $c < 0$일 때, $a < b \iff ac > bc$, $\dfrac{a}{c} > \dfrac{b}{c}$

풀이

해결전략 **1** 두 수열의 일반항 구하기

$a_1=1$, $a_{n+1}=3a_n$에서 수열 $\{a_n\}$은 첫째항이 1이고 공비가 3인 등비수열이므로

$a_n=3^{n-1}$

$b_1=1$, $b_{n+1}=b_n+1$에서 수열 $\{b_n\}$은 첫째항이 1이고 공차가 1인 등차수열이므로

$b_n=1+(n-1)\times1=n$

해결전략 **2** 부등식을 n에 대한 식으로 나타내기

$\dfrac{a_n}{b_n}<100$에서

$\dfrac{3^{n-1}}{n}<100$

$3^{n-1}<100n$

해결전략 **3** 부등식을 만족시키는 자연수 n의 개수 구하기

$3^{6-1}=243<600$

$3^{7-1}=729>700$

따라서 부등식을 만족시키는 자연수 n은 1, 2, 3, 4, 5, 6으로 그 개수는 6이다.

답 ①

수능感 쌤의 수능 대비 한 마디!!

주어진 관계식인 등차수열과 등비수열의 귀납적 정의를 이용해서 일반항을 구하면 부등식의 해를 구하는 것은 어렵지 않습니다. 등차수열과 등비수열 이외의 수열에 대한 귀납적 정의가 주어진 경우에는 나열하여 수열을 구하는 것이 좋습니다.

수능유형 체크

수열 $\{a_n\}$이 $a_1=2$이고 모든 자연수 n에 대하여

$$2(a_{n+1}-1)=2a_n+1$$

을 만족시킬 때, $\displaystyle\sum_{k=1}^{n}a_k$의 값의 정수 부분이 세 자리의 자연수가 되도록 하는 자연수 n의 개수는?

① 23 　　② 24 　　③ 25

④ 26 　　⑤ 27

문항 속 개념

| [수학 I] 수열의 귀납적 정의 | **+** | [중2] 부등식의 성질 |

14-1

▶ 9542-0067

수열 $\{a_n\}$이

$a_1=1,$

$a_{n+1}=\begin{cases} 2a_n & (a_n \le 5) \\ a_n-5 & (a_n > 5) \end{cases} (n=1, 2, 3, \cdots)$

로 정의될 때, $\sum\limits_{k=1}^{30} a_k$의 값은?

① 100   ② 105   ③ 110

④ 115   ⑤ 120

14-2

▶ 9542-0068

수열 $\{a_n\}$이

$a_1=1, a_{n+1}=pa_n+1 \ (n=1, 2, 3, \cdots)$

이고, $a_6-a_5=243$일 때, 자연수 p의 값은?

① 2   ② 3   ③ 4

④ 5   ⑤ 6

14-3

○ 9542-0069

모든 항이 서로 다른 자연수인 수열 $\{a_n\}$이 다음 조건을 만족시킨다.

> (가) $a_2 a_3 a_4 = 64$
> (나) $a_n a_{n+2} = (a_{n+1})^2$ $(n=1,\ 2,\ 3,\ \cdots)$

a_{10}의 값을 구하시오.

14-4

○ 9542-0070

수열 $\{a_n\}$이 모든 자연수 n에 대하여

$$a_n a_{n+1} = p^n$$

을 만족시킬 때, 〈보기〉에서 옳은 것만을 있는 대로 고른 것은? (단, p는 양수이다.)

> ┤ 보기 ├
> ㄱ. $a_1 = 1$, $p = 3$이면 $a_4 = 9$이다.
> ㄴ. $a_1 = 2$, $a_4 = 8$이면 $a_6 > 100$이다.
> ㄷ. $a_1 = p$일 때, 부등식 $a_{10} < 10^4$을 만족시키는 자연수 p의 개수는 9이다.

① ㄱ   ② ㄴ   ③ ㄱ, ㄴ
④ ㄱ, ㄷ   ⑤ ㄴ, ㄷ

15 수학적 귀납법

다음은 모든 자연수 n에 대하여

$$n+(n+1)+(n+2)+\cdots+(3n-2)=(2n-1)^2$$
$$\cdots\cdots(\ast)$$

이 성립함을 수학적 귀납법으로 증명한 것이다.

> (i) $n=1$일 때, (좌변)$=1$, (우변)$=1^2$이므로 $(\ast)$이 성립한다.
>
> (ii) $n=k$일 때, $(\ast)$이 성립한다고 가정하면
> $$k+(k+1)+(k+2)+\cdots+(3k-2)=(2k-1)^2$$
> 이므로
> $$(k+1)+(k+2)+\cdots+(\boxed{\text{(가)}})$$
> $$=k+(k+1)+(k+2)+\cdots+(3k-2)+\boxed{\text{(나)}}$$
> $$=(2k-1)^2+\boxed{\text{(나)}}=\boxed{\text{(다)}}$$
> 따라서 $n=k+1$일 때도 $(\ast)$이 성립한다.
>
> (i), (ii)에 의하여 모든 자연수 n에 대하여 $(\ast)$이 성립한다.

위의 증명에서 (가), (나), (다)에 알맞은 식을 각각 $f(k)$, $g(k)$, $h(k)$라 할 때, $f(5)+g(5)+h(5)$의 값을 구하시오.

풀이

$$(k+1)+(k+2)+\cdots+(\boxed{3k+1})$$
$$=k+(k+1)+(k+2)+\cdots+(3k-2)$$
$$\qquad\qquad+\boxed{(3k-1)+3k+(3k+1)-k}$$
$$=(2k-1)^2+\boxed{8k}=\boxed{(2k+1)^2}$$

따라서 $f(k)=3k+1$, $g(k)=8k$, $h(k)=(2k+1)^2$이므로
$$f(5)+g(5)+h(5)=16+40+121=177$$

답 177

개념 必 잡기

• 수학적 귀납법

자연수 n에 대한 명제 $p(n)$이 모든 자연수 n에 대하여 성립함을 증명하려면 다음 두 가지를 보이면 된다.

(i) $n=1$일 때, 명제 $p(n)$이 성립한다.

(ii) $n=k$일 때, 명제 $p(n)$이 성립한다고 가정하면 $n=k+1$일 때도 명제 $p(n)$이 성립한다.

수열 $\{a_n\}$은 $a_1=3$이고 $a_{n+1}=2a_n+2^{n+1}-1$ $(n\geq1)$을 만족시킨다. 다음은 일반항 a_n이

$$a_n=n\cdot2^n+1 \qquad\cdots\cdots(\ast)$$

임을 수학적 귀납법으로 증명한 것이다.

> (i) $n=1$일 때, (좌변)$=a_1=3$,
> (우변)$=1\times2^1+1=3$이므로 $(\ast)$이 성립한다.
>
> (ii) $n=k$일 때, $(\ast)$이 성립한다고 가정하면
> $$a_k=k\cdot2^k+1$$이므로
> $$a_{k+1}=2a_k+2^{k+1}-1$$
> $$=\boxed{\text{(가)}}\times2^k+2^{k+1}+1$$
> $$=(\boxed{\text{(나)}})\times2^{k+1}+1$$
> 따라서 $n=k+1$일 때도 $(\ast)$이 성립한다.
>
> (i), (ii)에 의하여 모든 자연수 n에 대하여 $a_n=n\cdot2^n+1$이다.

위의 증명에서 (가), (나)에 알맞은 식을 각각 $f(k)$, $g(k)$라 할 때, $f(20)+g(20)$의 값은?

① 61 　　② 62 　　③ 63

④ 64 　　⑤ 65

수능 感 잡기

문제 분석

이웃한 두 항 사이의 관계식을 만족시키는 수열의 일반항을 수학적 귀납법으로 증명하는 문제이다.

+α 개념

[수학 I] 수학적 귀납법 **+** [수학] 다항식의 연산

• [수학] 다항식의 연산에 대한 성질

세 다항식 A, B, C에 대하여

(1) 교환법칙 : $A+B=B+A$, $AB=BA$

(2) 결합법칙 : $(A+B)+C=A+(B+C)$, $(AB)C=A(BC)$

(3) 분배법칙 : $A(B+C)=AB+AC$, $(A+B)C=AC+BC$

풀이

해결전략 ① 증명 과정에서 $f(k)$, $g(k)$ 구하기

(i) $n=1$일 때, (좌변)$=a_1=3$, (우변)$=1\times 2^1+1=3$
이므로 (*)이 성립한다.

(ii) $n=k$일 때, (*)이 성립한다고 가정하면
$a_k=k\cdot 2^k+1$이므로
$$a_{k+1}=2a_k+2^{k+1}-1$$
$$=\boxed{2k}\times 2^k+2^{k+1}+1$$
$$=k\times 2^{k+1}+2^{k+1}+1$$
$$=(\boxed{k+1})\times 2^{k+1}+1$$

따라서 $n=k+1$일 때도 (*)이 성립한다.

(i), (ii)에 의하여 모든 자연수 n에 대하여 $a_n=n\cdot 2^n+1$이다.

해결전략 ② $f(20)+g(20)$의 값 구하기

$f(k)=2k$, $g(k)=k+1$이므로
$$f(20)+g(20)=40+21=61$$

답 ①

수열 $\{a_n\}$이

$$a_n=\frac{1}{n}+\frac{1}{n+1}+\frac{1}{n+2}+\cdots+\frac{1}{3n-1}$$

일 때, 다음은 모든 자연수 n에 대하여 부등식 $a_n\leq\frac{3}{2}$이 성립함을 수학적 귀납법으로 증명한 것이다.

(i) $n=1$일 때, $a_1=1+\frac{1}{2}\leq\frac{3}{2}$이므로 주어진 부등식이 성립한다.

(ii) $n=k$일 때, 주어진 부등식이 성립한다고 가정하면
$a_k\leq\frac{3}{2}$이다.

$$a_{k+1}=\frac{1}{k+1}+\frac{1}{k+2}+\cdots+\frac{1}{3k+2}$$
$$=a_k+\left(\frac{1}{3k}+\frac{1}{3k+1}+\frac{1}{3k+2}\right)-\boxed{(가)}$$

이때 $3k+1>3k$, $3k+2>3k$이므로

$$a_{k+1}<a_k+\left(\frac{1}{3k}+\boxed{(나)}\right)-\boxed{(가)}$$
$$=a_k\leq\frac{3}{2}$$

따라서 $n=k+1$일 때도 주어진 부등식이 성립한다.

(i), (ii)에 의하여 모든 자연수 n에 대하여 부등식
$a_n\leq\frac{3}{2}$이 성립한다.

위의 증명에서 (가), (나)에 알맞은 식을 각각 $f(k)$, $g(k)$라 할 때, $\dfrac{6g(10)}{f(10)}$의 값을 구하시오.

문항 속 개념

[수학 I] 수학적 귀납법	+	[중2] 유리식의 계산

수능感 쌤의 **수능 대비 한 마디!!**

수학적 귀납법과 관련된 문제는 문제의 풀이를 눈으로만 보지 말고 직접 손으로 쓰면서 논리적인 문제해결 과정을 모방하고 이를 다른 문제에 적용해 보는 연습을 반복해서 해야 합니다. 그리고 풀이 과정의 전후 관계를 따져 빈칸에 들어갈 수나 식을 다항식의 연산에 대한 성질 등을 이용하여 찾는 연습을 하도록 합니다.

15-1
◎ 9542-0072

첫째항이 5인 수열 $\{a_n\}$이 모든 자연수 n에 대하여

$$a_{n+1}=\frac{na_n+a_n+6}{n+2} \qquad \cdots\cdots \ \text{㉠}$$

을 만족시킨다. 다음은 수열 $\{a_n\}$의 일반항이

$$a_n=\frac{6n+4}{n+1} \qquad \cdots\cdots \ \text{㉡}$$

임을 수학적 귀납법으로 증명한 것이다.

(i) $n=1$일 때, (좌변)$=5$, (우변)$=\dfrac{6\times1+4}{1+1}=5$
　이므로 ㉡이 성립한다.

(ii) $n=k$일 때, ㉡이 성립한다고 가정하면

$$a_k=\frac{6k+4}{k+1}$$

㉠에서

$$a_{k+1}=\frac{ka_k+a_k+6}{k+2}$$

$$=\boxed{\text{(가)}}\times a_k+\frac{6}{k+2}$$

$$=\boxed{\text{(나)}}$$

　이므로 $n=k+1$일 때도 ㉡이 성립한다.

(i), (ii)에 의하여 모든 자연수 n에 대하여 ㉡이 성립
한다.

위의 증명에서 (가), (나)에 알맞은 식을 각각 $f(k)$, $g(k)$라 할 때, $f(10)+g(10)=\dfrac{q}{p}$이다. $p+q$의 값을 구하시오. (단, p와 q는 서로소인 자연수이다.)

15-2
◎ 9542-0073

첫째항이 1인 수열 $\{a_n\}$이 모든 자연수 n에 대하여

$$na_{n+1}=(n+1)a_n+4 \qquad \cdots\cdots \ \text{㉠}$$

를 만족시킨다. 다음은 수열 $\{a_n\}$의 일반항이

$$a_n=5n-4 \qquad \cdots\cdots \ \text{㉡}$$

임을 수학적 귀납법으로 증명한 것이다.

(i) $n=1$일 때, (좌변)$=1$, (우변)$=5\times1-4=1$
　이므로 ㉡이 성립한다.

(ii) $n=k$일 때, ㉡이 성립한다고 가정하면

$$a_k=5k-4$$

㉠에서 $ka_{k+1}=(k+1)a_k+4$

$$a_{k+1}=\boxed{\text{(가)}}\times(5k-4)+\frac{4}{k}=\boxed{\text{(나)}}$$

　이므로 $n=k+1$일 때도 ㉡이 성립한다.

(i), (ii)에 의하여 모든 자연수 n에 대하여 ㉡이 성립
한다.

위의 증명에서 (가), (나)에 알맞은 식을 각각 $f(k)$, $g(k)$라 할 때, $f(6)\times g(7)$의 값은?

① 30 　　② 33 　　③ 36

④ 39 　　⑤ 42

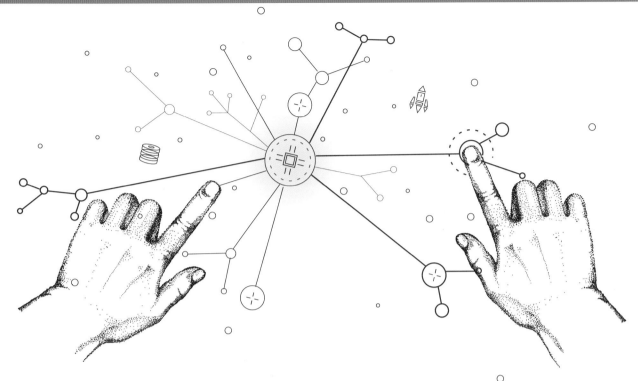

한국사, 사회, 과학의 최강자가 탄생했다!

「개념완성, 개념완성 문항편」

완벽한 이해를 위한 **꼼꼼하고 체계적인** 내용 정리

내신 대비 최적화된 교과서 **핵심 분석**

내신/수능 적중률을 높이기 위한 **최신 시험 경향 분석**

개념완성

한국사영역
필수 한국사 / 자료와 연표로 흐름을 읽는 한국사

사회탐구영역
통합사회 / 생활과 윤리 / 윤리와 사상 /
한국지리 / 세계지리 / 사회·문화 /
정치와 법 / 동아시아사

과학탐구영역
통합과학 / 물리학 I / 화학 I /
생명과학 I / 지구과학 I / 물리학 II /
화학 II / 생명과학 II / 지구과학 II

개념완성 문항편

사회탐구영역
통합사회

과학탐구영역
통합과학 / 물리학 I / 화학 I /
생명과학 I / 지구과학 I

올림포스

[국어, 영어, 수학의 EBS 대표 교재, 올림포스]

2015 개정 교육과정에 따른 모든 교과서의 기본 개념 정리
내신과 수능을 대비하는 다양한 평가 문항
수행평가 대비 코너 제공

국어, 영어, 수학은 EBS 올림포스로 끝낸다.

[올림포스 16책]

국어 영역 : 국어, 현대문학, 고전문학, 독서, 언어와 매체, 화법과 작문
영어 영역 : 독해의 기본1, 독해의 기본2, 구문 연습 300
수학 영역 : 수학(상), 수학(하), 수학Ⅰ, 수학Ⅱ, 미적분, 확률과 통계, 기하

EBS

수능감 感 잡기

수학영역

수학 I

내신에서 수능으로 연결되는 포인트를 잡는 학습 전략

내신형 문항
내신 유형의 문항으로
익히는 개념과 해결법

동일한
소재·유형

수능형 문항
수능 유형의 문항을
통해 익숙해지는 수능

EBS 수능 감 잡기 **수학 I**

정답과 풀이

01 지수와 지수법칙

$(2^a+2^{-a})^2=(2^a)^2+2\times2^a\times2^{-a}+(2^{-a})^2$
$\qquad\qquad\quad=2^{2a}+2^{-2a}+2$
$2^{2a}+2^{-2a}=(2^a+2^{-a})^2-2$
$\qquad\qquad=6^2-2$
$\qquad\qquad=34$

따라서
$(2^{a+1}+2^{-a+1})^2+(2^{a+1}-2^{-a+1})^2$
$=4(2^a+2^{-a})^2+4(2^a-2^{-a})^2$
$=4\{(2^a+2^{-a})^2+(2^a-2^{-a})^2\}$
$=4\{(2^{2a}+2^{-2a}+2)+(2^{2a}+2^{-2a}-2)\}$
$=4(2\times2^{2a}+2\times2^{-2a})$
$=8(2^{2a}+2^{-2a})$
$=8\times34$
$=272$

답 272

01-1	④	01-2	④	01-3	17	01-4	③

01-1

k가 3 이상의 홀수일 때, 100의 k제곱근 중 실수인 것은 1개이므로
$f(k)=1$
즉, $f(3)=f(5)=f(7)=f(9)=1$ …… ㉠
k가 짝수일 때, 100의 k제곱근 중 실수인 것은 2개이므로
$f(k)=2$
$f(2)=f(4)=f(6)=f(8)=f(10)=2$ …… ㉡
㉠, ㉡에서
$\displaystyle\sum_{k=2}^{10}f(k)=f(2)+f(4)+f(6)+f(8)+f(10)$
$\qquad\qquad\qquad\qquad\qquad+f(3)+f(5)+f(7)+f(9)$
$\qquad\qquad=5\times2+4\times1$
$\qquad\qquad=14$

답 ④

01-2

$\left(a^{\frac{1}{4}}-b^{\frac{1}{4}}\right)\left(a^{\frac{1}{4}}+b^{\frac{1}{4}}\right)\left(a^{\frac{1}{2}}+b^{\frac{1}{2}}\right)$
$=\left\{\left(a^{\frac{1}{4}}\right)^2-\left(b^{\frac{1}{4}}\right)^2\right\}\left(a^{\frac{1}{2}}+b^{\frac{1}{2}}\right)$
$=\left(a^{\frac{1}{2}}-b^{\frac{1}{2}}\right)\left(a^{\frac{1}{2}}+b^{\frac{1}{2}}\right)$
$=\left(a^{\frac{1}{2}}\right)^2-\left(b^{\frac{1}{2}}\right)^2$
$=a-b$
이때 $a-b=2$, $ab=3$이므로
$(a+b)^2=(a-b)^2+4ab$
$\qquad\quad=2^2+4\times3$
$\qquad\quad=16$
$a>0$, $b>0$이므로 $a+b>0$
따라서 $a+b=\sqrt{16}=4$

답 ④

01-3

3^{100}의 n^2제곱근 중 양의 실수는 $\sqrt[n^2]{3^{100}}$이므로
$(3^{100})^{\frac{1}{n^2}}=3^{\frac{100}{n^2}}$ …… ㉠
문제의 조건에서 $A_n\cap N\neq\varnothing$을 만족시키려면 집합 A_n의 원소 중 자연수가 적어도 하나 존재해야 한다.
이때 ㉠이 자연수이려면 지수 $\dfrac{100}{n^2}$이 음이 아닌 정수이어야 한다.
$100=2^2\times5^2$이므로
$n^2=2^2,\ 5^2,\ 10^2$
따라서 $n=2,\ 5,\ 10$이므로 그 합은
$2+5+10=17$

답 17

01-4

$(\sqrt[5]{27})^{\frac{4}{3}}=(3^{\frac{3}{5}})^{\frac{4}{3}}=3^{\frac{4}{5}}$
$3^{\frac{4}{5}}$이 어떤 자연수 N의 n제곱근이라 하면
$N=(3^{\frac{4}{5}})^n=3^{\frac{4}{5}n}$
이때 N은 자연수이므로 $3^{\frac{4}{5}n}$이 자연수이려면 지수 $\dfrac{4}{5}n$이 음이 아닌 정수이어야 하므로 n은 5의 배수이다.
이때 n은 100 이하의 자연수이므로 조건을 만족시키는 자연수 n은 5, 10, 15, 20, $\cdots$, 100이다.
따라서 자연수 n의 개수는 20이다.

답 ③

02 로그의 뜻과 성질

본문 11쪽

x에 대한 이차방정식 $f(x)=a$의 두 실근이 각각 0, 3이므로
$f(x)-a=x(x-3)$, 즉 $f(x)=x^2-3x+a$
따라서 x에 대한 이차방정식 $f(x)=0$, 즉
$x^2-3x+a=0$의 두 실근이 $\log_6 b$, $\log_b 36$이므로 이차방정식
의 근과 계수의 관계에 의하여

$\log_6 b+\log_b 36=3$ ...... ㉠

$\log_6 b \times \log_b 36=a$ ...... ㉡

$\log_b 36=\log_b 6^2=2\log_b 6=\dfrac{2}{\log_6 b}$이므로

㉡에서 $\log_6 b \times \dfrac{2}{\log_6 b}=a$

따라서 $a=2$이다.

㉠에서

$\log_6 b+\log_b 36=\log_6 b+\dfrac{2}{\log_6 b}=3$ ...... ㉢

㉢의 양변에 $\log_6 b$를 곱하고 $\log_6 b=t$로 놓으면
$t^2-3t+2=0$, $(t-1)(t-2)=0$
$t=1$ 또는 $t=2$
$\log_6 b=1$일 때 $b=6$이고, $\log_6 b=2$일 때 $b=36$이다.
따라서 ab의 최댓값은 $b=36$일 때
$2 \times 36=72$

답 72

본문 12~13쪽

| 02-1 | ② | 02-2 | ① | 02-3 | ③ | 02-4 | ④ |

02-1

$\log_4 81=\log_{2^2} 3^4=\dfrac{4}{2}\log_2 3=2\log_2 3$,

$\log_9 125=\log_{3^2} 5^3=\dfrac{3}{2}\log_3 5$,

$\log_{\frac{1}{5}} 32=\log_{5^{-1}} 2^5=\dfrac{5}{-1}\log_5 2=-5\log_5 2$

이므로

$k=\log_4 81 \times \log_9 125 \times \log_{\frac{1}{5}} 32$

$=(2\log_2 3) \times \left(\dfrac{3}{2}\log_3 5\right) \times (-5\log_5 2)$

$=-15 \times \dfrac{\log 3}{\log 2} \times \dfrac{\log 5}{\log 3} \times \dfrac{\log 2}{\log 5}$

$=-15$

이때 $\log_a |k|=2$에서

$a^2=15$

$a=\sqrt{15}$ $(a>0)$

답 ②

02-2

$\log x\sqrt{x}+\log \dfrac{1}{\sqrt[3]{x}}=\log x^{1+\frac{1}{2}}+\log x^{-\frac{1}{3}}$

$=\dfrac{3}{2}\log x-\dfrac{1}{3}\log x$

$=\dfrac{7}{6}\log x$

$-2<\log x<\dfrac{5}{2}$이므로

$-2 \times \dfrac{7}{6}<\dfrac{7}{6}\log x<\dfrac{5}{2} \times \dfrac{7}{6}$

$-\dfrac{7}{3}<\dfrac{7}{6}\log x<\dfrac{35}{12}$

$-\dfrac{7}{3}=-3+\dfrac{2}{3}$, $\dfrac{35}{12}=2+\dfrac{11}{12}$이고 $\dfrac{7}{6}\log x$의 값은 정수이므

로 $\dfrac{7}{6}\log x$의 값은 -2, -1, 0, 1, 2이다.

즉, $\log x$의 값은 $-\dfrac{12}{7}$, $-\dfrac{6}{7}$, 0, $\dfrac{6}{7}$, $\dfrac{12}{7}$이므로

x의 값은 $10^{-\frac{12}{7}}$, $10^{-\frac{6}{7}}$, 10^0, $10^{\frac{6}{7}}$, $10^{\frac{12}{7}}$이다.

따라서 구하는 모든 실수 x의 값의 곱은

$10^{-\frac{12}{7}} \times 10^{-\frac{6}{7}} \times 10^0 \times 10^{\frac{6}{7}} \times 0^{\frac{12}{7}}$

$=10^{\left(-\frac{12}{7}\right)+\left(-\frac{6}{7}\right)+0+\frac{6}{7}+\frac{12}{7}}$

$=10^0$

$=1$

답 ①

02-3

$\log_2 \{\log_3 (\log_4 x)\}=1$에서
$\log_3 (\log_4 x)=2$
$\log_4 x=3^2=9$
이므로
$x=4^9=2^{18}$
$\log x=\log 2^{18}=18\log 2$

$=18 \times 0.3010$

$=5.418$

즉, $5 \leq \log x < 6$이므로

$n=5$

따라서

$n+\log_2 x=5+\log_2 2^{18}$

$\qquad\qquad =5+18=23$

답 ③

02-4

조건 (가)에서 양변에 abc를 곱하면

$c+a+b=2$ ······ ㉠

조건 (나)에서 $x \neq 1$이므로

$a=\dfrac{1}{\log_{36} x}=\log_x 36$ ······ ㉡

$b=\dfrac{1}{\log_{30} x}=\log_x 30$ ······ ㉢

$c=\dfrac{1}{\log_{25} x}=\log_x 25$ ······ ㉣

이때 ㉡, ㉢, ㉣을 변끼리 더하면

$a+b+c=\log_x 36+\log_x 30+\log_x 25$

$\qquad\qquad =\log_x (36 \times 30 \times 25)$

$\qquad\qquad =\log_x (2^3 \times 3^3 \times 5^3)$

$\qquad\qquad =\log_x 30^3$

$\qquad\qquad =3 \log_x 30$

㉠에서 $3\log_x 30=2$, 즉 $x^{\frac{2}{3}}=30$이므로

$\sqrt[3]{x}=x^{\frac{1}{3}}=\sqrt{30}$

답 ④

 지수함수와 그래프

본문 15쪽

수능 유형 체크

함수 $y=5 \times 2^x$의 그래프를 x축의 방향으로 2만큼, y축의 방향으로 a만큼 평행이동하면

$y=5 \times 2^{x-2}+a$, 즉 $y=5 \times 2^x \times 2^{-2}+a$에서

$y=\dfrac{5}{4} \times 2^x+a$

$y=\dfrac{5}{4} \times 2^x+a$의 그래프를 y축에 대하여 대칭이동하면

$y=\dfrac{5}{4} \times 2^{-x}+a$

즉, $y=\dfrac{5}{4}\left(\dfrac{1}{2}\right)^x+a$

함수 $y=\dfrac{5}{4}\left(\dfrac{1}{2}\right)^x+a$의 그래프가 점 $(-1, 10)$을 지나므로

$10=\dfrac{5}{4}\left(\dfrac{1}{2}\right)^{-1}+a$에서 $a=\dfrac{15}{2}$

$f(x)=\dfrac{5}{4}\left(\dfrac{1}{2}\right)^x+\dfrac{15}{2}$이고 함수 $y=f(x)$의 그래프의 점근선은

$y=\dfrac{15}{2}$에서

$k=\dfrac{15}{2}$

함수 $y=\dfrac{5}{4}\left(\dfrac{1}{2}\right)^x+\dfrac{15}{2}$의 그래프는 x의 값이 증가하면 y의 값은 감소하므로 $-2 \leq x \leq 3$에서 함수 $y=\dfrac{5}{4}\left(\dfrac{1}{2}\right)^x+\dfrac{15}{2}$는

$x=-2$일 때, 최댓값 $M=\dfrac{5}{4}\left(\dfrac{1}{2}\right)^{-2}+\dfrac{15}{2}=\dfrac{25}{2}$를 갖는다.

따라서

$M+k=\dfrac{25}{2}+\dfrac{15}{2}=20$

답 ①

|참고| 도형의 대칭이동

방정식 $f(x, y)=0$이 나타내는 도형을 다음과 같이 대칭이동한 도형의 방정식은

(1) x축에 대하여 대칭이동 : $f(x, -y)=0$

(2) y축에 대하여 대칭이동 : $f(-x, y)=0$

(3) 원점에 대하여 대칭이동 : $f(-x, -y)=0$

(4) 직선 $y=x$에 대하여 대칭이동 : $f(y, x)=0$

03-1

$y=\sqrt{5}f(x)-5$

$\quad =\sqrt{5}(3^x+\sqrt{5})-5$

$\quad =\sqrt{5}\times 3^x$

$\quad =3^{\log_3\sqrt{5}}\times 3^x$

$\quad =3^{x+\log_3\sqrt{5}}$

이므로 함수 $y=\sqrt{5}f(x)-5$의 그래프는 $f(x)=3^x+\sqrt{5}$의 그래프를 x축의 방향으로 $-\log_3\sqrt{5}$만큼, y축의 방향으로 $-\sqrt{5}$만큼 평행이동한 그래프이다.

따라서 $m=-\log_3\sqrt{5}=-\dfrac{1}{2}\log_3 5$, $n=-\sqrt{5}$이므로

$mn=\dfrac{\sqrt{5}}{2}\log_3 5$

답 ⑤

03-2

점 $A(1, 3)$을 x축의 방향으로 2만큼, y축의 방향으로 -1만큼 평행이동한 점 B의 좌표는

$B(1+2, 3-1)$, 즉 $B(3, 2)$

함수 $y=3^x$의 그래프를 x축의 방향으로 k만큼 평행이동하면

$y=3^{x-k}$

함수 $y=3^{x-k}$의 그래프가 점 $B(3, 2)$를 지나므로

$2=3^{3-k}$에서 $3-k=\log_3 2$

따라서

$k=3-\log_3 2$

$\quad =\log_3 27-\log_3 2$

$\quad =\log_3\dfrac{27}{2}$

답 ⑤

03-3

임의의 실수 p에 대하여 $a^p=b^{-p}$이므로 함수 $y=a^x$의 그래프와 $y=b^x$의 그래프는 y축에 대하여 대칭이다.

즉, $b=\dfrac{1}{a}$이므로 $ab=1$ ...... ㉠

ㄱ. 주어진 그림에서 $a>1$, $0<b<1$, $c>1$이고 ㉠에서 $ab=1$이므로

$ab-c=1-c<0$

그러므로 $ab-c<0$ (거짓)

ㄴ. 주어진 그림에서 $a>c$이므로 $0<\dfrac{c}{a}<1$

그러므로 함수 $y=\left(\dfrac{c}{a}\right)^x$의 그래프는 x의 값이 증가하면 y의 값은 감소한다. (참)

ㄷ. $a>1$, $0<b<1$, $c>1$이므로

$a>c$에서 $ab>bc$

또한, ㉠에서 $ab=1$이므로 $bc<1$

그러므로 $b<\dfrac{1}{c}$ (참)

따라서 옳은 것은 ㄴ, ㄷ이다.

답 ④

03-4

점 B는 점 $A(1, 2)$를 직선 $y=x$에 대하여 대칭이동한 점이므로 $B(2, 1)$

점 $B(2, 1)$을 지나고 y축과 평행한 직선이 곡선 $y=2^x$과 만나는 점이 C이므로

$2^2=4$에서 $C(2, 4)$

점 $C(2, 4)$를 지나면서 x축과 평행한 직선이 직선 $y=x$와 만나는 점이 D이므로

$D(4, 4)$

두 점 $A(1, 2)$, $D(4, 4)$를 지나는 직선의 방정식은

$y-2=\dfrac{2}{3}(x-1)$

즉, $y=\dfrac{2}{3}x+\dfrac{4}{3}$

두 점 $B(2, 1)$, $C(2, 4)$를 지나는 직선의 방정식은

$x=2$이므로 두 직선 $y=\dfrac{2}{3}x+\dfrac{4}{3}$와 $x=2$의 교점 E의 좌표는

$y=\dfrac{2}{3}\times 2+\dfrac{4}{3}=\dfrac{8}{3}$에서 $E\left(2, \dfrac{8}{3}\right)$

그러므로 $\overline{BE}=\dfrac{8}{3}-1=\dfrac{5}{3}$, $\overline{CE}=4-\dfrac{8}{3}=\dfrac{4}{3}$이고

삼각형 ABE의 넓이는

$\dfrac{1}{2}\times\dfrac{5}{3}\times 1=\dfrac{5}{6}$

삼각형 CED의 넓이는

$\dfrac{1}{2}\times 2\times\dfrac{4}{3}=\dfrac{4}{3}$

따라서 삼각형 ABE의 넓이와 삼각형 CED의 넓이의 합은

$\dfrac{5}{6}+\dfrac{4}{3}=\dfrac{13}{6}$

답 ⑤

04 로그함수와 그래프

주어진 그림에서 $\log_a b = 0.5$, $\log_a e = 2.5$이므로

$b = a^{0.5}$, $e = a^{2.5}$이고 $be = a^{0.5} \times a^{2.5} = a^3$

또한, 주어진 그림에서 $\log_a c = 1.5$, $\log_a d = 2$이므로

$c = a^{1.5}$, $d = a^2$이고 $cd = a^{1.5} \times a^2 = a^{3.5}$

$be = \dfrac{1}{2}cd$에서 $a^3 = \dfrac{1}{2}a^{3.5}$, 즉

$2a^3 - a^{3.5} = 0$

$a^3 \left(2 - a^{\frac{1}{2}} \right) = 0$

$a \neq 0$이므로 $a^{\frac{1}{2}} = 2$에서 $a = 2^2 = 4$

따라서 로그함수 $y = \log_4 x$의 그래프를 x축의 방향으로 2만큼 평행이동하면

$y = \log_4 (x-2)$ ……… ㉠

㉠의 역함수는

$y = \log_4 (x-2)$에서 $x-2 = 4^y$, $x = 4^y + 2$

x와 y를 서로 바꾸면

$y = 4^x + 2$

따라서 $f(x) = 4^x + 2$이므로

$f(2) = 4^2 + 2 = 18$

답 ②

04-1	③	04-2	⑤	04-3	④	04-4	③

04-1

$\overline{AB} = \log_2 a - \log_{\frac{1}{4}} a$

$\quad = \log_2 a + \dfrac{1}{2} \log_2 a$

$\quad = \dfrac{3}{2} \log_2 a$

$\overline{CD} = \log_2 (a+2) - \log_{\frac{1}{4}} (a+2)$

$\quad = \log_2 (a+2) + \dfrac{1}{2} \log_2 (a+2)$

$\quad = \dfrac{3}{2} \log_2 (a+2)$

$\overline{CD} > \overline{AB}$이므로 $\overline{CD} - \overline{AB} = \dfrac{3}{2}$에서

$\dfrac{3}{2} \log_2 (a+2) - \dfrac{3}{2} \log_2 a = \dfrac{3}{2}$

$\dfrac{3}{2} \{ \log_2 (a+2) - \log_2 a \} = \dfrac{3}{2}$

$\log_2 (a+2) - \log_2 a = 1$, 즉 $\log_2 \dfrac{a+2}{a} = 1$

$\dfrac{a+2}{a} = 2$, $2a = a+2$

따라서 $a = 2$

답 ③

04-2

$y = 2^x$에서 $x = \log_2 y$

x와 y를 서로 바꾸면

$y = \log_2 x$

즉, $g(x) = \log_2 x$

$g(x) = \log_2 x$의 그래프가 x축과 만나는 점의 좌표는

$(1, 0)$이므로 $a = 1$

점 $(1, 0)$을 지나면서 y축과 평행한 직선이 함수 $y = f(x)$의 그래프와 만나는 점 A의 좌표는

$f(1) = 2^1 = 2$에서 A$(1, 2)$

점 A$(1, 2)$를 지나면서 x축과 평행한 직선이 함수 $y = g(x)$의 그래프와 만나는 점 B의 좌표는

$g(x) = \log_2 x = 2$에서 $x = 2^2 = 4$이므로

B$(4, 2)$

점 B$(4, 2)$를 지나면서 y축과 평행한 직선이 함수 $y = f(x)$의 그래프와 만나는 점 C의 좌표는

$f(4) = 2^4 = 16$에서 C$(4, 16)$

점 C$(4, 16)$을 지나면서 x축과 평행한 직선이 직선 $x = 1$과 만나는 점 D의 좌표는

D$(1, 16)$

그러므로 직사각형 ABCD의 넓이 S는

$S = \overline{AB} \times \overline{BC}$

$\quad = (4-1) \times (16-2) = 42$

따라서 $g(x) = \log_2 x = 42$에서

$x = 2^{42}$

답 ⑤

04-3

$y = \left(\dfrac{1}{3} \right)^x$에서 $x = \log_{\frac{1}{3}} y$

x와 y를 서로 바꾸면 $y = \log_{\frac{1}{3}} x$

즉, $f(x) = \log_{\frac{1}{3}} x$

함수 $y=\log_{\frac{1}{3}} x$의 그래프를 x축의 방향으로 1만큼, y축의 방향으로 -2만큼 평행이동하면

$y=\log_{\frac{1}{3}} (x-1)-2$

$g(x)=\log_{\frac{1}{3}} (x-1)-2$

밑 $\frac{1}{3}$이 1보다 작으므로 x의 값이 증가하면 $g(x)$의 값은 감소한다.

$x=a$일 때

$\log_{\frac{1}{3}} (a-1)-2=0$에서

$\log_{\frac{1}{3}} (a-1)=2$

$a-1=\left(\frac{1}{3}\right)^2$, 즉 $a=\frac{10}{9}$

$x=10$일 때

$b=\log_{\frac{1}{3}} 9-2=-2-2=-4$

따라서

$a+b=\frac{10}{9}+(-4)$

$\qquad =-\frac{26}{9}$

답 ④

04-4

진수의 조건에서 $x^2-4x+8=(x-2)^2+4>0$이므로 함수 $f(x)$의 정의역은 모든 실수이다.

ㄱ. $a=2$일 때

$\qquad f(4)=\log_2 (4^2-4\times 4+8)=\log_2 8=3$ (참)

ㄴ. $a\geq 2$이므로 함수 $f(x)$는 x^2-4x+8의 값이 최소일 때 최솟값을 갖고, x^2-4x+8의 값이 최대일 때 최댓값을 갖는다.

$\quad a^5>a^2\geq 4$이므로 $a^2\leq x^2-4x+8\leq a^5$에서

$\quad \log_a a^2\leq \log_a (x^2-4x+8)\leq \log_a a^5$, 즉

$\quad 2\leq \log_a (x^2-4x+8)\leq 5$

$\quad$ 그러므로 함수 $f(x)$의 최댓값과 최솟값의 합은

$\quad 2+5=7$ (거짓)

ㄷ. $0<a<1$이므로 함수 $f(x)$는 x^2-4x+8의 값이 최소일 때 최댓값을 갖는다.

$\quad x^2-4x+8=(x-2)^2+4$는 $x=2$일 때, 최솟값 4를 가지므로 함수 $f(x)$의 최댓값은

$\quad \log_{\frac{1}{2}} 4=-\log_2 4=-2$ (참)

따라서 옳은 것은 ㄱ, ㄷ이다.

답 ③

수능 유형 체크 본문 23쪽

진수의 조건에서

$x^2-16>0$

$(x+4)(x-4)>0$

$x<-4$ 또는 $x>4$ ····· ㉠

또, $x-1>0$에서 $x>1$ ····· ㉡

㉠, ㉡에서 $x>4$ ····· ㉢

$\log_2 (x^2-16)-\log_2 (x-1)\leq 2$에서

$\log_2 (x^2-16)\leq \log_2 (x-1)+\log_2 4$

$\log_2 (x^2-16)\leq \log_2 4(x-1)$

$x^2-16\leq 4(x-1)$

$x^2-4x-12\leq 0$

$(x+2)(x-6)\leq 0$

$-2\leq x\leq 6$ ····· ㉣

따라서 ㉢, ㉣에서 $4<x\leq 6$이므로 구하는 정수 x의 값의 합은

$5+6=11$

답 ①

수능의 감을 쑥쑥 키워주는 수능 유제 본문 24~25쪽

05-1	③	05-2	①	05-3	255	05-4	③

05-1

$\left(\frac{1}{a}\right)^{5-a}<a^2\times\sqrt{a}<a^{2a-3}$에서

$a^{a-5}<a^{\frac{5}{2}}<a^{2a-3}$

(i) $a=1$일 때

$\quad 1^{-4}<1^{\frac{5}{2}}<1^{-1}$은 성립하지 않으므로 $a\neq 1$

(ii) $a>1$일 때

$\quad a-5<\frac{5}{2}<2a-3$에서

$\quad a-5<\frac{5}{2}$이고 $\frac{5}{2}<2a-3$, 즉

$\quad a<\frac{15}{2}$이고 $a>\frac{11}{4}$이므로

$\quad \frac{11}{4}<a<\frac{15}{2}$

주어진 부등식을 만족시키는 자연수 a는 3, 4, 5, 6, 7이다.

따라서 (i), (ii)에서 구하는 자연수 a는 3, 4, 5, 6, 7이므로 그 개수는 5이다.

답 ③

05-2

$2^x > 0$이므로 모든 실수 x에 대하여 $2^x + 2 > 0$

$\log_3 (2^x + 2) = \log_9 81(2^x + 2)$에서

$\log_3 (2^x + 2) = \log_9 (2^x + 2) + 2$

$\log_3 (2^x + 2) = \dfrac{1}{2} \log_3 (2^x + 2) + 2$

$\log_3 (2^x + 2) - \dfrac{1}{2} \log_3 (2^x + 2) = 2$

$\dfrac{1}{2} \log_3 (2^x + 2) = 2$

$\log_3 (2^x + 2) = 4$

$2^x + 2 = 81$

$2^x = 79$

$x = \log_2 79$

이때 $2^6 < 79 < 2^7$이므로 $\log_2 2^6 < \log_2 79 < \log_2 2^7$

$6 < \log_2 79 < 7$, 즉 $6 < x < 7$

따라서 $a = 6$

답 ①

05-3

$\overline{AB} = 2^{2a-1} - 2^{3-2a}$

$\quad = 2^{2a} \times 2^{-1} - 2^3 \times 2^{-2a}$

$\quad = \dfrac{1}{2} \times (2^a)^2 - \dfrac{8}{(2^a)^2} = \dfrac{15}{2}$

에서 $2^a = X \ (X > 0)$라 하면

$\dfrac{1}{2} X^2 - \dfrac{8}{X^2} = \dfrac{15}{2}$

양변에 $2X^2$을 곱하여 정리하면

$X^4 - 15X^2 - 16 = 0$

$(X^2 + 1)(X^2 - 16) = 0$

에서 $X^2 > 0$이므로 $X^2 = 16$, 즉

$2^{2a} = 16$, $2^{2a} = 2^4$

그러므로 $2a = 4$, $a = 2$

$\overline{CD} = 2^{2(a+1)-1} - 2^{3-2(a+1)}$

$\quad = 2^{2 \times 3 - 1} - 2^{3 - 2 \times 3} = 2^5 - 2^{-3}$

$\quad = 32 - \dfrac{1}{8} = \dfrac{255}{8}$

이므로 $l = \dfrac{255}{8}$

한편, $2^{2x-1} = 2^{3-2x}$에서

$2x - 1 = 3 - 2x$, $4x = 4$

이므로 $x = 1$, 즉 $p = 1$

따라서 $8lp = 255$

답 255

05-4

직선 $x = 4$와 곡선 $y = \log_2 x$가 만나는 점 A의 좌표는

$\log_2 4 = 2$이므로

A$(4, 2)$

직선 $x = k \ (k > 4)$가 두 곡선 $y = \log_8 x$, $y = \log_2 x$와 만나는 두 점 B, C의 좌표는

B$(k, \log_8 k)$, C$(k, \log_2 k)$

삼각형 ABC가 이등변삼각형이므로 선분 BC의 중점의 y좌표는 점 A의 y좌표와 같다.

$\dfrac{\log_2 k + \log_8 k}{2} = 2$에서

$\log_2 k + \log_8 k = 4$

$\log_2 k + \dfrac{1}{3} \log_2 k = 4$

즉, $\dfrac{4}{3} \log_2 k = 4$, $\log_2 k = 3$

그러므로 $k = 2^3 = 8$

삼각형 ABC에서

$\overline{BC} = \log_2 8 - \log_8 8 = 3 - 1 = 2$이고,

높이는 $8 - 4 = 4$이므로 삼각형 ABC의 넓이는

$\dfrac{1}{2} \times 2 \times 4 = 4$

답 ③

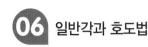

II. 삼각함수

06 일반각과 호도법

수능 유형 체크

본문 27쪽

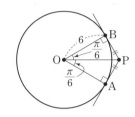

$\overline{AP} = \overline{BP}$이고

$\angle AOP = \angle BOP = \dfrac{\pi}{6}$, $\angle OAP = \angle OBP = \dfrac{\pi}{2}$이므로

$\tan \dfrac{\pi}{6} = \dfrac{\overline{AP}}{6}$, 즉 $\dfrac{\sqrt{3}}{3} = \dfrac{\overline{AP}}{6}$

에서 $\overline{AP} = \overline{BP} = 2\sqrt{3}$

부채꼴 OAB의 호 AB의 길이는 $6 \times \dfrac{\pi}{3} = 2\pi$

이므로 구하는 길이의 합은 $4\sqrt{3} + 2\pi$

따라서 $a = 4$, $b = 2$이므로

$a + b = 6$

답 6

|**참고**| 삼각비

$\angle B = 90°$인 직각삼각형 ABC에서

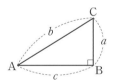

(1) $\sin A = \dfrac{a}{b}$

(2) $\cos A = \dfrac{c}{b}$

(3) $\tan A = \dfrac{a}{c}$

수능의 감을 쑥쑥 키워주는 수능 유제

본문 28~29쪽

06-1	②	06-2	③	06-3	①	06-4	③

06-1

$1470° = 360° \times 4 + 30°$에서 이 각을 라디안으로 나타내면

$8\pi + \dfrac{\pi}{6}$이므로 $\alpha = \dfrac{\pi}{6}$

동경 OP가 나타내는 일반각 θ는

$\theta = 2n\pi + \dfrac{\pi}{6} = \dfrac{(12n+1)}{6}\pi$ (n은 정수)

따라서 $\cdots$, $-\dfrac{23}{6}\pi$, $-\dfrac{11}{6}\pi$, $\dfrac{\pi}{6}$, $\dfrac{13}{6}\pi$, $\dfrac{25}{6}\pi$, $\cdots$이어야 하

므로 〈보기〉에서 $\dfrac{25}{6}\pi$뿐이다.

따라서 동경 OP의 일반각이 나타내는 각의 하나인 것은 ㄷ이다.

답 ②

06-2

3θ와 4θ를 나타내는 동경이 y축에 대하여 대칭이므로

$3\theta + 4\theta = (2n-1)\pi$ (단, n은 정수)

$7\theta = (2n-1)\pi$에서 $\theta = \dfrac{2n-1}{7}\pi$

$0 < \theta < \dfrac{\pi}{2}$에서 $0 < \dfrac{2n-1}{7}\pi < \dfrac{\pi}{2}$이므로 $\dfrac{1}{2} < n < \dfrac{9}{4}$

n은 정수이므로 $n = 1$ 또는 $n = 2$

따라서 $\theta = \dfrac{\pi}{7}$ 또는 $\theta = \dfrac{3}{7}\pi$이므로 구하는 모든 θ의 값의 합은

$\dfrac{\pi}{7} + \dfrac{3}{7}\pi = \dfrac{4}{7}\pi$

답 ③

06-3

$\overline{BH} = 2$이므로 $\sin \dfrac{\pi}{6} = \dfrac{\overline{BH}}{\overline{OB}}$에서

$\overline{OB} = \dfrac{\overline{BH}}{\sin \dfrac{\pi}{6}} = \dfrac{2}{\dfrac{1}{2}} = 4$

그러므로 부채꼴 OAB의 넓이는

$\dfrac{1}{2} \times 4^2 \times \dfrac{\pi}{6} = \dfrac{4}{3}\pi$

한편, 직각삼각형 OHB에서

$\overline{OH} = \sqrt{4^2 - 2^2} = 2\sqrt{3}$이므로

삼각형 OHB의 넓이는

$\dfrac{1}{2} \times \overline{OH} \times \overline{BH} = \dfrac{1}{2} \times 2\sqrt{3} \times 2 = 2\sqrt{3}$

따라서 구하는 부분의 넓이는

(부채꼴 OAB의 넓이) $-$ (삼각형 OHB의 넓이)

$= \dfrac{4}{3}\pi - 2\sqrt{3}$

답 ①

06-4

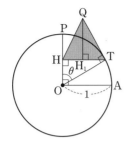

부채꼴 OTP의 중심각의 크기를 θ라 하면

부채꼴 OTP의 넓이가 $\dfrac{\pi}{6}$이므로

$\dfrac{\pi}{6}=\dfrac{1}{2}\times 1^2 \times \theta$에서 $\theta=\dfrac{\pi}{3}$, 즉 $\angle POT=\dfrac{\pi}{3}$

$\angle TOA=\dfrac{\pi}{2}-\dfrac{\pi}{3}=\dfrac{\pi}{6}$

직각삼각형 OTH에서 $\angle HOT=\dfrac{\pi}{3}$이므로

$\overline{HT}=\overline{OT}\times \sin\dfrac{\pi}{3}=1\times\dfrac{\sqrt{3}}{2}=\dfrac{\sqrt{3}}{2}$

호 TP의 길이는 $1\times\dfrac{\pi}{3}=\dfrac{\pi}{3}$이고

호 TP의 길이와 선분 TQ의 길이가 같으므로 $\overline{TQ}=\dfrac{\pi}{3}$

선분 TQ는 점 T에서의 접선이므로 $\angle OTQ=\dfrac{\pi}{2}$

선분 HT와 선분 OA가 평행하므로 $\angle HTO=\dfrac{\pi}{6}$이고

점 Q에서 선분 HT에 내린 수선의 발을 H_1이라 하면

$\angle H_1 TQ=\dfrac{\pi}{2}-\dfrac{\pi}{6}=\dfrac{\pi}{3}$

직각삼각형 $H_1 TQ$에서 $\angle H_1 TQ=\dfrac{\pi}{3}$이므로

$\overline{QH_1}=\overline{TQ}\times \sin\dfrac{\pi}{3}=\dfrac{\pi}{3}\times\dfrac{\sqrt{3}}{2}=\dfrac{\sqrt{3}}{6}\pi$

따라서 삼각형 QHT의 넓이는

$\dfrac{1}{2}\times\overline{HT}\times\overline{QH_1}=\dfrac{1}{2}\times\dfrac{\sqrt{3}}{2}\times\dfrac{\sqrt{3}}{6}\pi$

$=\dfrac{\pi}{8}$

답 ③

|참고| 평행선과 동위각, 엇각

두 직선 l_1, l_2가 평행할 때

(1) 동위각의 크기가 같다.

$\Rightarrow \angle\alpha=\angle\gamma$

(2) 엇각의 크기가 같다.

$\Rightarrow \angle\alpha=\angle\beta$

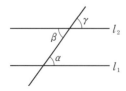

---

07 삼각함수의 뜻과 삼각함수 사이의 관계

수능 유형 체크　　　　　　　　　　본문 31쪽

$\sin\theta\cos\theta>0$에서 $\sin\theta$와 $\cos\theta$의 부호가 서로 같고,

$\sin\theta+\cos\theta<0$이므로

$\sin\theta<0$, $\cos\theta<0$

즉, θ는 제3사분면의 각이다.

이때 $\cos\theta-1<0$이고, $\tan\theta>0$이므로

$\sqrt{\tan^2\theta}\,|\cos\theta-1|=\tan\theta(1-\cos\theta)$

$\qquad\qquad\qquad =\tan\theta-\sin\theta$

$\sqrt{\tan^2\theta}\,|\cos\theta-1|-\dfrac{\sin\theta}{\cos\theta}=\tan\theta-\sin\theta-\dfrac{\sin\theta}{\cos\theta}$

$\qquad\qquad\qquad\qquad =\tan\theta-\sin\theta-\tan\theta$

$\qquad\qquad\qquad\qquad =-\sin\theta$

$\qquad\qquad\qquad\qquad =\dfrac{1}{3}$

에서

$\sin\theta=-\dfrac{1}{3}$

그런데 $\sin^2\theta+\cos^2\theta=1$이고, θ는 제3사분면의 각이므로

$\cos\theta=-\sqrt{1-\sin^2\theta}$

$\qquad =-\sqrt{1-\left(-\dfrac{1}{3}\right)^2}$

$\qquad =-\dfrac{2\sqrt{2}}{3}$

따라서

$\tan\theta=\dfrac{\sin\theta}{\cos\theta}$

$\qquad =\dfrac{-\dfrac{1}{3}}{-\dfrac{2\sqrt{2}}{3}}$

$\qquad =\dfrac{1}{2\sqrt{2}}$

$\qquad =\dfrac{\sqrt{2}}{4}$

답 ②

07-1

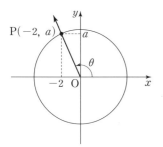

$\overline{\mathrm{OP}}=\sqrt{(-2)^2+a^2}=\sqrt{a^2+4}$이므로

$\sin\theta=\dfrac{(점\ \mathrm{P}의\ y좌표)}{\overline{\mathrm{OP}}}=\dfrac{a}{\sqrt{a^2+4}}$

$\cos\theta=\dfrac{(점\ \mathrm{P}의\ x좌표)}{\overline{\mathrm{OP}}}=-\dfrac{2}{\sqrt{a^2+4}}$

이때

$\sin^2\theta-4\sin\theta\cos\theta+4\cos^2\theta$

$=(\sin\theta-2\cos\theta)^2$

$=\left(\dfrac{a+4}{\sqrt{a^2+4}}\right)^2$

$=\dfrac{(a+4)^2}{a^2+4}$

$=4$

에서 $(a+4)^2=4(a^2+4)$, 즉

$3a^2-8a=0$

$3a\left(a-\dfrac{8}{3}\right)=0$

$a>0$이므로 $a=\dfrac{8}{3}$

따라서

$12a=12\times\dfrac{8}{3}=32$

답 32

07-2

삼각형 ODB에서 $\sin\theta=\dfrac{\overline{\mathrm{BD}}}{\overline{\mathrm{OB}}}=\overline{\mathrm{BD}}$

삼각형 OAC에서 $\cos\theta=\dfrac{\overline{\mathrm{OA}}}{\overline{\mathrm{OC}}}=\dfrac{1}{\overline{\mathrm{OC}}}$

$\overline{\mathrm{BD}}+\dfrac{1}{\overline{\mathrm{OC}}}=\dfrac{4}{3}$에서 $\sin\theta+\cos\theta=\dfrac{4}{3}$이므로

$\dfrac{6\sin^2\theta}{\sin\theta-\cos\theta}+\dfrac{6\cos\theta}{1-\tan\theta}$

$=\dfrac{6\sin^2\theta}{\sin\theta-\cos\theta}+\dfrac{6\cos\theta}{1-\dfrac{\sin\theta}{\cos\theta}}$

$=\dfrac{6\sin^2\theta}{\sin\theta-\cos\theta}+\dfrac{6\cos^2\theta}{\cos\theta-\sin\theta}$

$=\dfrac{6(\sin^2\theta-\cos^2\theta)}{\sin\theta-\cos\theta}$

$=6(\sin\theta+\cos\theta)$

$=6\times\dfrac{4}{3}=8$

답 ③

07-3

$\log_2\sin^2\theta+\log_4\cos^4\theta=2\log_2\sin\theta+2\log_2\cos\theta$

$=2(\log_2\sin\theta+\log_2\cos\theta)$

$=2\log_2(\sin\theta\cos\theta)$

이므로

$2\log_2(\sin\theta\cos\theta)=\log_2\dfrac{1}{16}$

$\log_2(\sin\theta\cos\theta)=\dfrac{1}{2}\log_2\dfrac{1}{16}$

$=\log_2\dfrac{1}{4}$

즉, $\sin\theta\cos\theta=\dfrac{1}{4}$

따라서

$(\sin\theta+\cos\theta)^2=1+2\sin\theta\cos\theta$

$=1+2\times\dfrac{1}{4}=\dfrac{3}{2}$

이고 $\sin\theta>0$, $\cos\theta>0$이므로

$\sin\theta+\cos\theta=\dfrac{\sqrt{6}}{2}$

답 ⑤

07-4

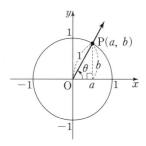

$\cos\theta=a$, $\sin\theta=b$이므로

$$\frac{\cos\theta\sin^2\theta}{a^2-\cos\theta}+\frac{(\cos\theta+\cos^2\theta)(1-\cos\theta)}{a^2+\cos\theta}$$

$$=\frac{ab^2}{a^2-a}+\frac{(a+a^2)(1-a)}{a^2+a}$$

$$=\frac{b^2}{a-1}+(1-a)$$

$$=-\frac{1}{2}$$

그런데 $\sin^2\theta+\cos^2\theta=1$에서

$\sin^2\theta=1-\cos^2\theta$, 즉 $b^2=1-a^2$이므로

$$-(1+a)+(1-a)=-\frac{1}{2}$$

$-2a=-\dfrac{1}{2}$에서 $a=\dfrac{1}{4}$

따라서

$$\tan\theta=\frac{b}{a}$$

$$=\frac{\sqrt{1-a^2}}{a}$$

$$=\frac{\sqrt{1-\dfrac{1}{16}}}{\dfrac{1}{4}}$$

$$=\sqrt{15}$$

답 ④

08 삼각함수의 그래프

수능 유형 체크　　　　　　　　　　　　　　　본문 35쪽

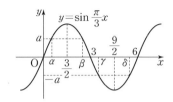

$f(x)=\sin\dfrac{\pi}{3}x$의 주기는 $\dfrac{2\pi}{\dfrac{\pi}{3}}=6$이므로

$\dfrac{\alpha+\beta}{2}=\dfrac{3}{2}$에서 $\alpha+\beta=3$

$\dfrac{\gamma+\delta}{2}=\dfrac{9}{2}$에서 $\gamma+\delta=9$

그러므로 함수 $k=\alpha+\beta+\gamma+\delta=3+9=12$

따라서 함수 $g(x)=\sin kx=\sin 12x$의 주기는

$$\frac{2\pi}{12}=\frac{\pi}{6}$$

답 ①

수능의 감을 쑥쑥 키워주는 수능 유제　　　　　　　본문 36~37쪽

08-1	④	08-2	③	08-3	④	08-4	④

08-1

조건 (가)에서 함수 $y=f(x)$의 그래프가 x축에 접하므로 최솟값은 0, 최댓값은 4이다.

한편, $y=f(x)$의 그래프는 함수 $y=a\sin bx$의 그래프를 y축의 방향으로 c만큼 평행이동한 것이다.

그러므로 $a=2$, $c=2$

또, 조건 (나)에서 함수 $y=f(x)$의 그래프와

함수 $y=a\sin b\Big(x-\dfrac{\pi}{2}\Big)+c$의 그래프가 일치해야 한다.

이때 함수 $y=a\sin b\Big(x-\dfrac{\pi}{2}\Big)+c$의 그래프는 함수 $y=f(x)$

의 그래프를 x축의 방향으로 $\dfrac{\pi}{2}$만큼 평행이동한 것이므로 함수

$y=f(x)$의 주기는 $\dfrac{\pi}{2}$보다 작거나 같아야 한다.

이때 함수 $y=f(x)$의 주기는 $\dfrac{2\pi}{b}$이므로 $\dfrac{2\pi}{b}\leq\dfrac{\pi}{2}$

$b\geq 4$

따라서 $a+b+c$의 최솟값은
$a+b+c \geq 2+4+2=8$

답 ④

08-2

ㄱ. $-1 \leq \sin \dfrac{\pi}{2}x \leq 1$에서 $-3 \leq 3\sin \dfrac{\pi}{2}x \leq 3$, 즉

$-3 \leq f(x) \leq 3$ (참)

ㄴ. $f(x)=3\sin \dfrac{\pi}{2}x$의 주기는 $\dfrac{2\pi}{\dfrac{\pi}{2}}=4$이므로

$f(x+4)=f(x)$

$f(0)=0,\ f(2)=0$이므로

$f(0)=f(2)=f(4)=f(6)=\cdots=f(2018)=0$

한편, $h(x)=3\cos \dfrac{\pi}{2}x$라 하면 함수 $y=h(x)$의 주기가

$\dfrac{2\pi}{\dfrac{\pi}{2}}=4$이므로

$h(x+4)=h(x)$

$h(1)=h(3)=0$이므로

$h(1)=h(3)=h(5)=\cdots=h(2017)=0$

그런데 $h(x)=3\cos \dfrac{\pi}{2}x$의 그래프를 y축의 방향으로 1만

큼 평행이동하면 $g(x)=3\cos \dfrac{\pi}{2}x+1$의 그래프이므로

$g(x)=h(x)+1$에서

$g(2017)=h(2017)+1=1$

그러므로 $f(2018)+g(2017)=1$ (거짓)

ㄷ. 두 함수 $y=f(x),\ y=g(x)$의 주기가 4로 같고, 주기의 $\dfrac{1}{4}$

이 $4 \times \dfrac{1}{4}=1$이므로

$y=f(x)$의 그래프를 x축의 방향으로 -1만큼, y축의 방향

으로 1만큼 평행이동하면

$y=g(x)$의 그래프와 일치한다.

즉, $f(x+1)+1=g(x)$에서 $f(x+1)=g(x)-1$ (참)

따라서, 옳은 것은 ㄱ, ㄷ이다.

답 ③

|참고| 삼각함수의 주기

(1) 임의의 실수 x에 대하여 $f(x+p)=f(x)$를 만족시키는 최
소의 양수 p를 함수 $f(x)$의 주기라 한다.

(2) 함수 $y=\sin ax$의 주기는 $\dfrac{2\pi}{|a|}$,

함수 $y=\cos ax$의 주기는 $\dfrac{2\pi}{|a|}$,

함수 $y=\tan ax$의 주기는 $\dfrac{\pi}{|a|}$이다.

08-3

$f(\theta)=\left\{1+2\sin^2 \left(\dfrac{\pi}{2}+\theta\right)\right\}\sin^2 (\pi-\theta)$

$\qquad =(1+2\cos^2 \theta)\sin^2 \theta$

$\qquad =(1+2\cos^2 \theta)(1-\cos^2 \theta)$

$\qquad =-2\cos^4 \theta+\cos^2 \theta+1 \qquad\qquad \cdots\cdots ㉠$

㉠에서 $\cos^2 \theta=t\ (0 \leq t \leq 1)$로 놓으면

$-2t^2+t+1=-2\left(t-\dfrac{1}{4}\right)^2+\dfrac{9}{8}$이므로

$t=\dfrac{1}{4}$일 때, 최댓값은 $\dfrac{9}{8}$이다.

따라서 $f(\theta)$의 최댓값은 $\dfrac{9}{8}$이다.

답 ④

08-4

$f(x)=a\cos b\pi\left(x-\dfrac{9}{2}\right)+3.5$라 하자.

만조 때의 해수면의 높이는 함수 $f(x)$가 최댓값을 가질 때이고
함수 $f(x)$의 최댓값은 $a+3.5$이다.

또한, 간조 때의 해수면의 높이는 함수 $f(x)$가 최솟값을 가질
때이고 함수 $f(x)$의 최솟값은 $-a+3.5$이다.

조차는 만조 때와 간조 때의 해수면의 높이의 차이므로

$(a+3.5)-(-a+3.5)=10$,

즉 $2a=10$에서 $a=5$

만조와 만조, 또는 간조와 간조 사이의 시간이 함수 $f(x)$의 주
기이다.

만조 시각인 4시 30분은 4.5시이고, 17시 00분은 17시이므로
만조와 만조 사이의 시간은

$17-4.5=12.5$(시간)

$f(x)=a\cos b\pi\left(x-\dfrac{9}{2}\right)+3.5$에서

주기는 $\dfrac{2\pi}{b\pi}$이므로 $12.5=\dfrac{2\pi}{b\pi}$, 즉 $b=\dfrac{4}{25}$

$g(x)=a\cos b\pi\left(x-\dfrac{9}{2}+c\right)+3.5$라 하자.

함수 $y=g(x)$의 그래프를 x축의 방향으로 c만큼 평행이동하면 $y=f(x)$의 그래프이다.

그런데 두 지점 A, B의 만조 시간 또는 간조 시간은 지점 B보다 지점 A가 10분, 즉 $\dfrac{10}{60}=\dfrac{1}{6}$시간 늦는다.

즉, 함수 $y=g(x)$의 그래프를 x축의 방향으로 $\dfrac{1}{6}$만큼 평행이동하면 $y=f(x)$의 그래프이므로

$c=\dfrac{1}{6}$

따라서

$$a+50b+30c=5+50\times\dfrac{4}{25}+30\times\dfrac{1}{6}$$
$$=5+8+5$$
$$=18$$

답 ④

수능 유형 체크   본문 39쪽

$(\tan x)(\tan x+\cos x)-\sin x<3$에서

$\tan^2 x+\tan x\times\cos x-\sin x<3$

$\tan^2 x+\dfrac{\sin x}{\cos x}\times\cos x-\sin x<3$

$\tan^2 x<3$

이때 $\tan x=t$로 놓으면

$t^2<3$, $(t-\sqrt{3})(t+\sqrt{3})<0$

$-\sqrt{3}<t<\sqrt{3}$

즉, $-\sqrt{3}<\tan x<\sqrt{3}$

이 부등식의 해는 함수 $y=\tan x$의 그래프가 직선 $y=\sqrt{3}$의 아랫부분에 있으며 직선 $y=-\sqrt{3}$의 윗부분에 있는 x의 값의 범위이다.

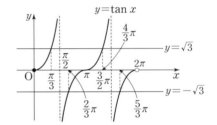

따라서 부등식의 해는

$0\le x<\dfrac{\pi}{3}$, $\dfrac{2}{3}\pi<x<\dfrac{4}{3}\pi$, $\dfrac{5}{3}\pi<x<2\pi$

이므로

$a+b+c=\dfrac{\pi}{3}+\dfrac{4}{3}\pi+\dfrac{5}{3}\pi=\dfrac{10}{3}\pi$

답 ②

수능의 감을 쑥쑥 키워주는 수능 유제							본문 40~41쪽
09-1	④	**09-2**	④	**09-3**	③	**09-4**	5

09-1

$\sin x+\cos\left(\dfrac{\pi}{2}-x\right)<1$에서

$\sin x+\sin x<1$

$2\sin x<1$

$\sin x<\dfrac{1}{2}$

이 부등식의 해는 함수 $y=\sin x$의 그래프가 직선 $y=\dfrac{1}{2}$보다 아래쪽에 있는 x의 값의 범위이다.

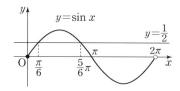

따라서 부등식의 해는

$0 \le x < \dfrac{\pi}{6}$ 또는 $\dfrac{5}{6}\pi < x < 2\pi$

이므로

$a+b+c=3\pi$

답 ④

09-2

이차방정식 $x^2+4(\cos\theta)x+2\sin\theta+4=0$의 판별식을 D라 하면

$\dfrac{D}{4}=4\cos^2\theta-(2\sin\theta+4)\ge0$

$4\cos^2\theta-2\sin\theta-4\ge0$

$2\cos^2\theta-\sin\theta-2\ge0$

$2(1-\sin^2\theta)-\sin\theta-2\ge0$

$2\sin^2\theta+\sin\theta\le0$

이때 $\sin\theta=t$ $(-1\le t\le1)$로 놓으면

$2t^2+t\le0$

$2t\left(t+\dfrac{1}{2}\right)\le0$

$-\dfrac{1}{2}\le t\le0$

즉, $-\dfrac{1}{2}\le\sin\theta\le0$

이 부등식의 해는 함수 $y=\sin\theta$의 그래프가 직선 $y=0$과 만나거나 아래쪽에 있는 부분과 직선 $y=-\dfrac{1}{2}$과 만나거나 위쪽에 있는 부분의 θ의 값의 범위이다.

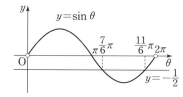

따라서 θ의 값의 범위는

$\pi\le\theta\le\dfrac{7}{6}\pi$ 또는 $\dfrac{11}{6}\pi\le\theta<2\pi$

이므로

$a+b+c=4\pi$

답 ④

09-3

$(3\cos x-1)(4\cos x-3)=0$에서

$3\cos x-1=0$ 또는 $4\cos x-3=0$

즉, $\cos x=\dfrac{1}{3}$ 또는 $\cos x=\dfrac{3}{4}$

(ⅰ) 함수 $y=\cos x$의 그래프와 직선 $y=\dfrac{1}{3}$의 교점을 A, B라 하면 $\cos x=\dfrac{1}{3}$을 만족시키는 x의 값은 두 점 A, B의 x좌표이므로

$x=\alpha$ 또는 $x=2\pi-\alpha$

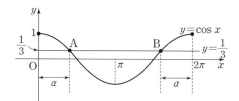

(ⅱ) 함수 $y=\cos x$의 그래프와 직선 $y=\dfrac{3}{4}$의 교점을 C, D라 하면 $\cos x=\dfrac{3}{4}$을 만족시키는 x의 값은 두 점 C, D의 x좌표이므로

$x=\beta$ 또는 $x=2\pi-\beta$

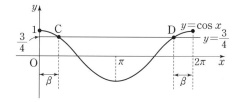

(ⅰ), (ⅱ)에서 모든 x의 값의 합은

$\alpha+(2\pi-\alpha)+\beta+(2\pi-\beta)=4\pi$

답 ③

09-4

점 P의 y좌표는 $\sin\theta$이다.

이때 점 Q의 x좌표는 다음과 같다.

(ⅰ) $0\le\theta\le\dfrac{\pi}{2}$일 때

$\overline{\mathrm{OH}}=\cos\theta$이므로 점 Q의 x좌표는
$\overline{\mathrm{OH}}\cos\theta=\cos^2\theta$

(ii) $\dfrac{\pi}{2}<\theta\leq\pi$일 때

$\overline{\mathrm{OH}}=-\cos\theta$이므로 점 Q의 x좌표는
$\overline{\mathrm{OH}}\cos(\pi-\theta)=-\cos\theta\times\cos(\pi-\theta)=\cos^2\theta$

(iii) $\pi<\theta\leq\dfrac{3}{2}\pi$일 때

$\overline{\mathrm{OH}}=-\cos\theta$이므로 점 Q의 x좌표는
$\overline{\mathrm{OH}}\cos(\pi+\theta)=-\cos\theta\times\cos(\pi+\theta)=\cos^2\theta$

(iv) $\dfrac{3}{2}\pi<\theta<2\pi$일 때

$\overline{\mathrm{OH}}=\cos\theta$이므로 점 Q의 x좌표는
$\overline{\mathrm{OH}}\cos(2\pi-\theta)=\cos\theta\times\cos(2\pi-\theta)=\cos^2\theta$

따라서 점 Q의 x좌표는 $\cos^2\theta$이다.

$5a+4=2b$에서

$5\sin\theta+4=2\cos^2\theta$

$5\sin\theta+4=2(1-\sin^2\theta)$

$2\sin^2\theta+5\sin\theta+2=0$

이때 $\sin\theta=t$로 놓으면

$2t^2+5t+2=0$

$(2t+1)(t+2)=0$

$t=-\dfrac{1}{2}$ 또는 $t=-2$

즉, $\sin\theta=-\dfrac{1}{2}$ 또는 $\sin\theta=-2$

$-1\leq\sin\theta\leq1$이므로

$\sin\theta=-\dfrac{1}{2}$

이 방정식의 근은 함수 $y=\sin\theta$의 그래프와 직선 $y=-\dfrac{1}{2}$의

교점의 x좌표이다.

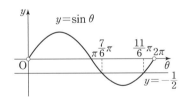

따라서 $\alpha=\dfrac{7}{6}\pi$, $\beta=\dfrac{11}{6}\pi$이므로

$\beta-\alpha=\dfrac{2}{3}\pi$

그러므로

$p+q=3+2=5$

답 5

10 사인법칙과 코사인법칙

수능 유형 체크   본문 43쪽

$\overline{\mathrm{OA}}=\sqrt{1^2+2^2}=\sqrt{5}$

$\overline{\mathrm{OB}}=\sqrt{3^2+4^2}=5$

$\overline{\mathrm{AB}}=\sqrt{(3-1)^2+(4-2)^2}=2\sqrt{2}$

따라서

$\begin{aligned}\cos\angle\mathrm{AOB}&=\dfrac{\overline{\mathrm{OA}}^2+\overline{\mathrm{OB}}^2-\overline{\mathrm{AB}}^2}{2\times\overline{\mathrm{OA}}\times\overline{\mathrm{OB}}}\\&=\dfrac{(\sqrt{5})^2+5^2-(2\sqrt{2})^2}{2\times\sqrt{5}\times5}\\&=\dfrac{11}{5\sqrt{5}}\\&=\dfrac{11\sqrt{5}}{25}\end{aligned}$

답 ⑤

수능의 감을 쑥쑥 키워주는 수능 유제   본문 44~45쪽

10-1	④	10-2	①	10-3	②	10-4	⑤

10-1

원 $x^2+2x+y^2-4y=7$은

$(x+1)^2+(y-2)^2=12$

이므로 반지름의 길이는 $2\sqrt{3}$이다.

그러므로 사인법칙에 의하여

$\dfrac{\overline{\mathrm{BC}}}{\sin\dfrac{\pi}{6}}=2\times2\sqrt{3}$

따라서

$\begin{aligned}\overline{\mathrm{BC}}&=4\sqrt{3}\times\sin\dfrac{\pi}{6}\\&=4\sqrt{3}\times\dfrac{1}{2}\\&=2\sqrt{3}\end{aligned}$

답 ④

10-2

피타고라스 정리에 의하여

$\begin{aligned}\overline{\mathrm{BC}}&=\sqrt{\overline{\mathrm{AB}}^2-\overline{\mathrm{CA}}^2}\\&=\sqrt{5^2-3^2}=4\end{aligned}$

그러므로 $\angle \text{ABC}=\theta$라 하면

$$\cos \theta = \frac{\overline{\text{BC}}}{\overline{\text{AB}}}=\frac{4}{5}$$

따라서 $\overline{\text{BD}}=2$, $\overline{\text{BE}}=\overline{\text{BC}}-\overline{\text{EC}}=4-1=3$이므로

$$\overline{\text{DE}}=\sqrt{\overline{\text{BD}}^2+\overline{\text{BE}}^2-2\,\overline{\text{BD}}\times\overline{\text{BE}}\times\cos\theta}$$

$$=\sqrt{2^2+3^2-2\times 2\times 3\times\frac{4}{5}}$$

$$=\sqrt{\frac{17}{5}}=\frac{\sqrt{85}}{5}$$

달 ①

10-3

선분 AB가 원의 지름이므로

$$\angle \text{BDA}=\frac{\pi}{2}$$

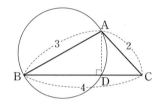

이때 코사인법칙에서

$$\cos B=\frac{\overline{\text{AB}}^2+\overline{\text{BC}}^2-\overline{\text{CA}}^2}{2\times\overline{\text{AB}}\times\overline{\text{BC}}}$$

$$=\frac{3^2+4^2-2^2}{2\times 3\times 4}$$

$$=\frac{7}{8}$$

따라서

$$\overline{\text{BD}}=\overline{\text{AB}}\cos B$$

$$=3\times\frac{7}{8}=\frac{21}{8}$$

달 ②

10-4

삼각형 ABC의 넓이가 $\dfrac{3\sqrt{3}}{2}$이므로

$$\frac{1}{2}\times\overline{\text{AB}}\times\overline{\text{CA}}\times\sin A=\frac{3\sqrt{3}}{2}$$

$$\frac{1}{2}\times 3\times 2\times\sin A=\frac{3\sqrt{3}}{2}$$

$$\sin A=\frac{\sqrt{3}}{2}$$

이때 $\angle \text{CAB}<\dfrac{\pi}{2}$이므로

$$A=\frac{\pi}{3}$$

$$\overline{\text{BC}}=\sqrt{\overline{\text{AB}}^2+\overline{\text{CA}}^2-2\times\overline{\text{AB}}\times\overline{\text{CA}}\times\cos\frac{\pi}{3}}$$

$$=\sqrt{3^2+2^2-2\times 3\times 2\times\frac{1}{2}}$$

$$=\sqrt{7}$$

외접원의 반지름의 길이를 R라 하면

$$\frac{\overline{\text{BC}}}{\sin A}=2R에서$$

$$\frac{\sqrt{7}}{\frac{\sqrt{3}}{2}}=2R$$

$$R=\frac{\sqrt{21}}{3}$$

그러므로 외접원의 중심의 좌표는 $\left(\dfrac{\sqrt{21}}{3},\ \dfrac{\sqrt{21}}{3}\right)$이므로

$$ab=\frac{7}{3}$$

달 ⑤

Ⅲ. 수열

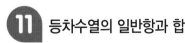
등차수열의 일반항과 합

등차수열 $\{a_n\}$의 첫째항을 a, 공차를 d라 하자.

$a_1+a_3=-14$에서

$a+(a+2d)=-14$

$a+d=-7$ ...... ㉠

$a_8+a_{10}=28$에서

$(a+7d)+(a+9d)=28$

$a+8d=14$ ...... ㉡

㉠, ㉡을 연립하여 풀면

$a=-10$, $d=3$

따라서

$|a_1|+|a_2|+|a_3|+\cdots+|a_{10}|$

$=|-10|+|-7|+|-4|+|-1|+2+5+8+11+14+17$

$=79$

답 79

|다른 풀이|

등차중항의 성질에 의하여

$a_1+a_3=2a_2$

$a_8+a_{10}=2a_9$

등차수열 $\{a_n\}$의 첫째항을 a, 공차를 d라 하자.

$a_1+a_3=-14$에서 $2a_2=-14$

$a_2=a+d=-7$ ...... ㉠

$a_8+a_{10}=28$에서 $2a_9=28$

$a_9=a+8d=14$ ...... ㉡

㉠, ㉡을 연립하여 풀면

$a=-10$, $d=3$

따라서

$|a_1|+|a_2|+|a_3|+\cdots+|a_{10}|$

$=|-10|+|-7|+|-4|+|-1|+2+5+8+11+14+17$

$=79$

11-1

주어진 등차수열의 일반항을 b_n이라 하고, 공차를 d라 하자.

$b_1=1$,

$b_{n+2}=5n+6$

이므로

$1+(n+1)d=5n+6$

$(n+1)(d-5)=0$

이때 n은 자연수이므로

$d=5$

등차수열의 합의 공식에 의하여

$\dfrac{(n+2)(1+5n+6)}{2}=112$

$(n+2)(5n+7)=224$

$5n^2+17n-210=0$

$(n-5)(5n+42)=0$

n은 자연수이므로

$n=5$

따라서

$a_5+5=b_6+5=(5\times4+6)+5=31$

답 ②

11-2

등차수열 $\{a_n\}$의 첫째항을 a, 공차를 d라 하자.

조건 (가)에서

$a_1+a_2=2a+d=3$ ...... ㉠

조건 (나)에서

$(a_{104}-a_{103})+(a_{106}-a_{105})+(a_{108}-a_{107})=3d=-3$

$d=-1$이므로 ㉠에서 $a=2$

따라서 등차수열 $\{a_n\}$의 첫째항부터 제10항까지의 합은

$\dfrac{10(2\times2-9)}{2}=-25$

답 ①

11-3

$a_1=S_1=(2+1)^2-1=8$

$a_{10}=S_{10}-S_9$

$\quad=(21^2-1)-(19^2-1)$

$\quad=21^2-19^2$

$$= (21-19)(21+19)$$
$$= 2 \times 40 = 80$$

따라서

$$a_1 + a_{10} = 8 + 80 = 88$$

답 ①

11-4

두 등차수열 $\{a_n\}$, $\{b_n\}$의 첫째항을 각각 a, b라 하자.

$a_{10} = 10$에서

$$a + 9 = 10$$
$$a = 1$$

따라서 $a_n = n$이므로

$$S_n = \frac{n(n+1)}{2}$$
$$S_n \times T_n = 4n^4 - 4n^2$$
$$= 4n^2(n^2-1)$$
$$= 4n^2(n-1)(n+1)$$

에서

$$T_n = \frac{4n^2(n-1)(n+1)}{S_n}$$
$$= \frac{8n^2(n-1)(n+1)}{n(n+1)}$$
$$= 8n(n-1)$$

수열의 합과 일반항 사이의 관계에 의하여 $n \geq 2$일 때

$$b_n = T_n - T_{n-1}$$
$$= 8n(n-1) - 8(n-1)(n-2)$$
$$= 8(n^2-n) - 8(n^2-3n+2)$$
$$= 8(2n-2) = 16(n-1)$$

따라서

$$b_{10} = 16 \times 9 = 144$$

답 ③

12 등비수열의 일반항과 합

등비수열 $\{a_n\}$의 첫째항을 a, 공비를 r라 하자.

$$S_3 = \frac{a(r^3-1)}{r-1} \qquad \cdots\cdots ㉠$$

$$S_6 = \frac{a(r^6-1)}{r-1} = \frac{a(r^3-1)(r^3+1)}{r-1} \qquad \cdots\cdots ㉡$$

㉠, ㉡과 $\dfrac{S_6}{S_3} = 9$에서

$r^3 + 1 = 9$, 즉 $r^3 = 8$

따라서 r은 양수이므로 $r = 2$

$$\frac{a_4}{a_2} = \frac{ar^3}{ar} = r^2 = 4$$

답 ④

| 12-1 | 162 | 12-2 | ③ | 12-3 | 12 | 12-4 | ④ |

12-1

등비수열 $\{a_n\}$의 첫째항과 공비를 각각 a, r라 하자.

$a > 0$, $r > 0$

$\dfrac{a_{10}}{a_6} = 81$에서 $\dfrac{ar^9}{ar^5} = r^4 = 3^4$

따라서 $r = 3$

$a_3 + a_4 = 72$에서

$$a_3 + a_4 = ar^2 + ar^3$$
$$= a(9+27)$$
$$= 36a$$

이므로 $36a = 72$

따라서 $a = 2$이므로

$$a_5 = ar^4 = 2 \times 3^4 = 162$$

답 162

12-2

$$a_1 = S_1 = 3 \times 2^2 - 6 = 6$$

이고

$n \geq 2$일 때,

$$a_n = S_n - S_{n-1}$$

$$= (3 \times 2^{n+1} - 6) - (3 \times 2^n - 6)$$
$$= 3 \times 2^n$$
$$= 6 \times 2^{n-1}$$

이므로 수열 $\{a_n\}$의 일반항은

$a_n = 6 \times 2^{n-1}$ $(n=1, 2, 3, \cdots)$

이때

$6 \times 2^{10} = 6 \times 1024 < 10000$,

$6 \times 2^{11} = 6 \times 2048 > 10000$

이므로 부등식 $a_n < 10000$을 만족시키려면

$n-1 \le 10$

$n \le 11$

따라서 조건을 만족시키는 자연수 n의 개수는 11이다.

답 ③

12-3

등비수열 $\{a_n\}$의 첫째항을 a, 공비를 r $(r<0)$라 하자.

$a_2 = 5$, $a_6 = 80$에서

$ar = 5$, $ar^5 = 80$

$\dfrac{ar^5}{ar} = \dfrac{80}{5}$

$r^4 = 16$

$r < 0$이므로

$r = -2$

이때 $a = -\dfrac{5}{2}$

$$S_n = \dfrac{-\dfrac{5}{2}\{1 - (-2)^n\}}{1 - (-2)}$$
$$= \dfrac{5}{6}\{(-2)^n - 1\}$$

$S_n \ge 2000$에서

$\dfrac{5}{6}\{(-2)^n - 1\} \ge 2000$

$(-2)^n \ge 2401$

이때 n은 2의 배수이어야 하고

$(-2)^{10} = 1024 < 2401$,

$(-2)^{12} = 4096 > 2401$

이므로

$n \ge 12$

따라서 자연수 n의 최솟값은 12이다.

답 12

12-4

조건 (가)에서

$\overline{EC} = a$, $\overline{CB} = ar$, $\overline{AB} = ar^2$ $(a>0, r>0)$

으로 놓자.

또, 조건 (나)에서

$\dfrac{1}{2} \times a \times ar = \dfrac{1}{6} \times ar^2 \times ar$

$r^2 = 3$

이때 $r > 0$이므로 $r = \sqrt{3}$

직각삼각형 EBC에서

$$\overline{EB} = \sqrt{\overline{EC}^2 + \overline{CB}^2}$$
$$= \sqrt{a^2 + (\sqrt{3}a)^2}$$
$$= 2a$$

$$\overline{BD} = \overline{AC} = \sqrt{\overline{AB}^2 + \overline{BC}^2}$$
$$= \sqrt{(3a)^2 + (\sqrt{3}a)^2}$$
$$= 2\sqrt{3}a$$

따라서

$$\dfrac{\overline{EB}}{\overline{BD}} = \dfrac{2a}{2\sqrt{3}a} = \dfrac{\sqrt{3}}{3}$$

답 ④

합의 기호 $\sum$의 뜻과 여러 가지 수열의 합

$a_{k+1}=S_{k+1}-S_k$이므로

$\displaystyle\sum_{k=1}^{n}\frac{a_{k+1}}{S_k S_{k+1}}=\sum_{k=1}^{n}\frac{S_{k+1}-S_k}{S_{k+1}S_k}$

$\qquad\qquad=\displaystyle\sum_{k=1}^{n}\left(\frac{1}{S_k}-\frac{1}{S_{k+1}}\right)$

$\qquad\qquad=\left(\dfrac{1}{S_1}-\dfrac{1}{S_2}\right)+\left(\dfrac{1}{S_2}-\dfrac{1}{S_3}\right)+\cdots$

$\qquad\qquad\qquad\qquad+\left(\dfrac{1}{S_n}-\dfrac{1}{S_{n+1}}\right)$

$\qquad\qquad=\dfrac{1}{S_1}-\dfrac{1}{S_{n+1}}=\dfrac{1}{n}$

$\dfrac{1}{S_{n+1}}=\dfrac{1}{S_1}-\dfrac{1}{n}$

$a_1=S_1=2$이므로

$\dfrac{1}{S_{n+1}}=\dfrac{1}{2}-\dfrac{1}{n}=\dfrac{n-2}{2n}$

따라서

$\dfrac{1}{S_{10}}=\dfrac{9-2}{2\times9}=\dfrac{7}{18}$

답 ③

수능의 감을 쑥쑥 키워주는 수능 유제						본문 56~57쪽
13-1	④	**13-2**	②	**13-3**	④	**13-4** 10

13-1

$a_n=\displaystyle\sum_{k=1}^{n}3k(n+1-k)$

$\quad=3\displaystyle\sum_{k=1}^{n}\{(n+1)k-k^2\}$

$\quad=3(n+1)\displaystyle\sum_{k=1}^{n}k-3\sum_{k=1}^{n}k^2$

$\quad=3(n+1)\times\dfrac{n(n+1)}{2}-\dfrac{n(n+1)(2n+1)}{2}$

$\quad=\dfrac{n(n+1)}{2}\{3(n+1)-(2n+1)\}$

$\quad=\dfrac{n(n+1)(n+2)}{2}$

따라서

$a_{10}=\dfrac{10\times11\times12}{2}$

$\qquad=660$

답 ④

$a_{10}=\displaystyle\sum_{k=1}^{10}3k(11-k)$

$\qquad=\displaystyle\sum_{n=1}^{10}(33k-3k^2)$

$\qquad=33\displaystyle\sum_{k=1}^{10}k-3\sum_{k=1}^{10}k^2$

$\qquad=33\times\dfrac{10\times11}{2}-3\times\dfrac{10\times11\times21}{6}$

$\qquad=1815-1155$

$\qquad=660$

13-2

$\displaystyle\sum_{k=1}^{n}(a_{k+1}-a_k)$

$=(a_2-a_1)+(a_3-a_2)+(a_4-a_3)+\cdots+(a_{n+1}-a_n)$

$=a_{n+1}-a_1$

이므로 조건 (나)에서 $a_{n+1}-a_1=2n+1$

$a_{n+1}=2n+1+a_1$ $\qquad\qquad$ ······ ㉠

조건 (가)에서 $a_5=2\times4+1+a_1=10$

$a_1=1$ $\qquad\qquad\qquad\qquad$ ······ ㉡

㉠, ㉡에서 $a_{n+1}=2n+2=2(n+1)\ (n\geq1)$

따라서 수열 $\{a_n\}$은

$a_n=\begin{cases}1\ (n=1)\\2n\ (n\geq2)\end{cases}$이므로

$\displaystyle\sum_{k=1}^{10}a_k=1+2(2+3+4+\cdots+10)$

$\qquad=2(1+2+3+4+\cdots+10)-1$

$\qquad=2\displaystyle\sum_{k=1}^{10}k-1$

$\qquad=2\times\dfrac{10\times11}{2}-1$

$\qquad=109$

답 ②

13-3

$S_n=\displaystyle\sum_{k=1}^{n}ka_k=2n^2+n$으로 놓으면

$n=1$일 때, $S_1=a_1=2+1=3$

$n\geq2$인 자연수 n에 대하여

$na_n=S_n-S_{n-1}$

$\qquad=2n^2+n-2(n-1)^2-(n-1)$

$\qquad=4n-1$

이고 이 식은 $n=1$일 때도 성립한다.

따라서
$$a_n = \frac{4n-1}{n} = 4 - \frac{1}{n} \ (n=1, 2, 3, \cdots)$$
이므로
$$\sum_{k=1}^{10} \frac{1}{(a_k-4)(a_{k+1}-4)}$$
$$= \sum_{k=1}^{10} \frac{1}{\left(-\frac{1}{k}\right)\left(-\frac{1}{k+1}\right)}$$
$$= \sum_{k=1}^{10} k(k+1)$$
$$= \sum_{k=1}^{10} (k^2+k)$$
$$= \frac{10 \times 11 \times 21}{6} + \frac{10 \times 11}{2}$$
$$= 385 + 55 = 440$$

답 ④

13-4

조건 (나)에서 모든 자연수 n에 대하여
$$|a_{n+1}| + |a_n| \geq a_{n+1} + a_n$$
이고 등호는
$$|a_{n+1}| = a_{n+1}, \ |a_n| = a_n, \ 즉 \ a_{n+1} \geq 0, \ a_n \geq 0$$
일 때 성립한다.
따라서 $a_{n+1} + a_n \leq 2n+1$이므로
$$\sum_{k=1}^{41} a_k = a_1 + \sum_{k=1}^{20} (a_{2k} + a_{2k+1})$$
$$\leq 1 + \sum_{k=1}^{20} (4k+1)$$
$$= 1 + 2 \times 20 \times 21 + 20 = 861$$
조건 (가)에 의하여 $1 \leq n \leq 41$인 모든 자연수 n에 대하여
$$a_n \geq 0$$
임을 알 수 있다.
등식 $a_{n+1} + a_n = 2n+1$에 $n=1, 2, 3, \cdots, 9$를 차례로 대입하면
$a_2 + a_1 = 3$에서 $a_2 = 2$
$a_3 + a_2 = 5$에서 $a_3 = 3$
$a_4 + a_3 = 7$에서 $a_4 = 4$
$a_5 + a_4 = 9$에서 $a_5 = 5$
$$\vdots$$
$a_9 + a_8 = 17$에서 $a_9 = 9$
$a_{10} + a_9 = 19$에서 $a_{10} = 10$

답 10

14 수열의 귀납적 정의

$2(a_{n+1}-1) = 2a_n + 1$에서
$$2a_{n+1} = 2a_n + 3$$
$$a_{n+1} = a_n + \frac{3}{2}$$
즉, 수열 $\{a_n\}$은 첫째항이 2이고 공차가 $\frac{3}{2}$인 등차수열이다.
따라서
$$\sum_{k=1}^{n} a_k = \frac{n\left\{4 + \frac{3}{2}(n-1)\right\}}{2}$$
$$= \frac{n(3n+5)}{4}$$
$$100 \leq \sum_{k=1}^{n} a_k < 1000$$에서
$$100 \leq \frac{n(3n+5)}{4} < 1000$$
$$400 \leq n(3n+5) < 4000$$
이때
$$350 = 10 \times 35 < 400 < 11 \times 38 = 418,$$
$$3850 = 35 \times 110 < 4000 < 36 \times 113 = 4068$$
이므로 조건을 만족시키는 자연수 n은 11, 12, 13, $\cdots$, 35로 그 개수는 25이다.

답 ③

14-1	⑤	14-2	②	14-3	512	14-4	④

14-1

수열 $\{a_n\}$을 차례대로 나열하면 다음과 같다.
1, 2, 4, 8, 3, 6, 1, 2, 4, 8, 3, 6, 1, $\cdots$
즉, 수열 $\{a_n\}$의 각 항은 6개의 수
1, 2, 4, 8, 3, 6
이 반복된다.
따라서
$$\sum_{k=1}^{30} a_k$$
$$= (1+2+4+8+3+6) + (1+2+4+8+3+6)$$
$$+ \cdots + (1+2+4+8+3+6)$$

$$= (1+2+4+8+3+6) \times 5$$
$$= 24 \times 5$$
$$= 120$$

답 ⑤

14-2

$a_1 = 1$

$a_2 = pa_1 + 1 = p+1$

$a_3 = pa_2 + 1 = p^2 + p + 1$

$a_4 = pa_3 + 1 = p^3 + p^2 + p + 1$

$a_5 = pa_4 + 1 = p^4 + p^3 + p^2 + p + 1$

$a_6 = pa_5 + 1 = p^5 + p^4 + p^3 + p^2 + p + 1$

$a_6 - a_5 = p^5 = 243$에서 $p^5 = 3^5$이므로

$p = 3$

답 ②

14-3

조건 (나)에서

$a_n a_{n+2} = (a_{n+1})^2$, 즉 $\dfrac{a_{n+1}}{a_n} = \dfrac{a_{n+2}}{a_{n+1}}$

이므로 수열 $\{a_n\}$은 등비수열이다.

따라서 이 등비수열의 첫째항을 a, 공비를 r라 하면 조건 (가)에서

$a_2 a_3 a_4 = (ar^2)^3 = 64 = 4^3$

이므로 $ar^2 = 4$

이때 등비수열 $\{a_n\}$의 모든 항이 자연수이므로 a, r의 값도 자연수이어야 한다.

이때 $r \neq 1$이므로

$a = 1$, $r = 2$

따라서 $a_n = 2^{n-1}$이므로

$a_{10} = 2^9 = 512$

답 512

14-4

ㄱ. $a_1 = 1$, $p = 3$이면

$a_1 a_2 = 3$에서 $a_2 = 3$

$a_2 a_3 = 3^2$에서 $a_3 = 3$

$a_3 a_4 = 3^3$에서 $a_4 = 3^2 = 9$ (참)

ㄴ. $a_1 = 2$이면

$a_1 a_2 = p$에서 $a_2 = \dfrac{p}{2}$

$a_2 a_3 = p^2$에서 $a_3 = 2p$

$a_3 a_4 = p^3$에서 $a_4 = \dfrac{p^2}{2}$

$a_4 = 8$에서 $\dfrac{p^2}{2} = 8$, $p^2 = 16$

이때 $p > 0$이므로 $p = 4$

$a_4 a_5 = 4^4$에서 $a_5 = 32$

$a_5 a_6 = 4^5$에서 $a_6 = 32 < 100$ (거짓)

ㄷ. $a_1 = p$일 때

$a_2 = \dfrac{p}{a_1} = 1$, $a_3 = \dfrac{p^2}{a_2} = p^2$, $a_4 = \dfrac{p^3}{a_3} = p$,

$a_5 = \dfrac{p^4}{a_4} = p^3$, $\cdots$

즉,

$a_{2n-1} = p^n$, $a_{2n} = p^{n-1}$ $(n = 1, 2, 3, \cdots)$

이 성립한다.

$a_{10} = p^4 < 10^4$에서 $p < 10$이므로 부등식을 만족시키는 자연수 p는 $1, 2, 3, \cdots, 9$로 그 개수는 9이다. (참)

따라서 옳은 것은 ㄱ, ㄷ이다.

답 ④

수학적 귀납법

본문 63쪽

(i) $n=1$일 때, $a_1=1+\dfrac{1}{2}\leq\dfrac{3}{2}$이므로 주어진 부등식이 성립한다.

(ii) $n=k$일 때, 주어진 부등식이 성립한다고 가정하면
$a_k\leq\dfrac{3}{2}$이다.

$a_{k+1}=\dfrac{1}{k+1}+\dfrac{1}{k+2}+\cdots+\dfrac{1}{3k+2}$

$\qquad=a_k+\left(\dfrac{1}{3k}+\dfrac{1}{3k+1}+\dfrac{1}{3k+2}\right)-\boxed{\dfrac{1}{k}}$

이때 $3k+1>3k$, $3k+2>3k$이므로

$\dfrac{1}{3k+1}+\dfrac{1}{3k+2}<\dfrac{1}{3k}+\dfrac{1}{3k}=\dfrac{2}{3k}$

$a_{k+1}<a_k+\left(\dfrac{1}{3k}+\boxed{\dfrac{2}{3k}}\right)-\boxed{\dfrac{1}{k}}$

$\qquad=a_k\leq\dfrac{3}{2}$

따라서 $n=k+1$일 때도 주어진 부등식이 성립한다.

(i), (ii)에 의하여 모든 자연수 n에 대하여 부등식 $a_n\leq\dfrac{3}{2}$이 성립한다.

따라서 $f(k)=\dfrac{1}{k}$, $g(k)=\dfrac{2}{3k}$이므로

$\dfrac{6g(10)}{f(10)}=\dfrac{6\times\dfrac{2}{30}}{\dfrac{1}{10}}=4$

답 4

수능의 감을 쑥쑥 키워주는 **수능 유제**				본문 64쪽
15-1	31	**15-2**	⑤	

15-1

(i) $n=1$일 때, (좌변)$=5$, (우변)$=\dfrac{6\times1+4}{1+1}=5$이므로 ⓛ이 성립한다.

(ii) $n=k$일 때, ⓛ이 성립한다고 가정하면
$a_k=\dfrac{6k+4}{k+1}$

ⓛ에서

$a_{k+1}=\dfrac{ka_k+a_k+6}{k+2}$

$\qquad=\boxed{\dfrac{k+1}{k+2}}\times a_k+\dfrac{6}{k+2}$

$\qquad=\dfrac{k+1}{k+2}\times\dfrac{6k+4}{k+1}+\dfrac{6}{k+2}$

$\qquad=\dfrac{6(k+1)+4}{(k+1)+1}$

$\qquad=\boxed{\dfrac{6k+10}{k+2}}$

이므로 $n=k+1$일 때도 ⓛ이 성립한다.

(i), (ii)에 의하여 모든 자연수 n에 대하여 ⓛ이 성립한다.

따라서 $f(k)=\dfrac{k+1}{k+2}$, $g(k)=\dfrac{6k+10}{k+2}$이므로

$f(10)+g(10)=\dfrac{11}{12}+\dfrac{70}{12}=\dfrac{81}{12}=\dfrac{27}{4}$

$p=4$, $q=27$이므로

$p+q=4+27=31$

답 31

15-2

(i) $n=1$일 때, (좌변)$=1$, (우변)$=5\times1-4=1$이므로 ⓛ이 성립한다.

(ii) $n=k$ $(k\geq1)$일 때, ⓛ이 성립한다고 가정하면
$a_k=5k-4$

ⓞ에서 $ka_{k+1}=(k+1)a_k+4$

$a_{k+1}=\boxed{\dfrac{k+1}{k}}\times(5k-4)+\dfrac{4}{k}$

$\qquad=\dfrac{(k+1)(5k-4)+4}{k}$

$\qquad=\dfrac{5k^2+k}{k}$

$\qquad=\boxed{5k+1}$

이므로 $n=k+1$일 때도 ⓛ이 성립한다.

(i), (ii)에 의하여 모든 자연수 n에 대하여 ⓛ이 성립한다.

따라서

$f(k)=\dfrac{k+1}{k}$, $g(k)=5k+1$

이므로

$f(6)\times g(7)=\dfrac{7}{6}\times36=42$

답 ⑤

수능 기초부터
완벽하게 다지기 위한

수능특강
Light

수능특강 Light 3책 | 국어, 영어 독해, 영어 듣기

· **수능특강**과 **동일한 영역/스타일**로 구성
· 쉬운 **기초 문제**부터 **실전 수준의 문제**까지
· **다양한 주제와 소재**로 수능 완벽 대응

수능을 준비한다면 꼭 봐야 할 책입니다.

EBS

수능감[感]잡기

수학영역
수학 I

정답과
풀이